JN439964

청곡 산타령 산문집

산 사랑 신바람

유상식 글

산사랑 신바람

초판 1쇄 인쇄 | 2021년 10월 21일
지은이 | 유상식
펴낸이 | 이재욱(필명:이승훈)
펴낸곳 | 해드림출판사
주 소 | 서울 영등포구 경인로82길 3-4(문래동1가 39)
센터플러스빌딩 1004호(우편07371)
전 화 | 02-2612-5552
팩 스 | 02-2688-5568
E-mail | jlee5059@hanmail.net

등록번호 제2013-000076
등록일자 2008년 9월 29일

ISBN 979-11-5634-479-7

책을 펴내면서

산은 더불어 사는 현장인데.
인간은 날날이 탐욕뭉치다.

산은 자연이고
인간은 관계다.

자연에 변화가 일면 천지가 진동하고
인간이 변심을 하면 세상이 시끄럽다.

산은 침묵이고
인간은 소음이다.

살면서 산을
알아야 한다는 생각이
산을 사랑하는 동기가 되었다.

산은 여유로움과 넉넉함이 있어
언제 찾아도 좋다.
신선한 산,
아름다운 자연,
파노라마로 펼쳐지는 경관,
삼라만상을 품고 있는
산을 보고, 느끼고 있으면

그냥 그 속에 빠져든다.

산은 인간의 잡다한 마음을 보듬어 주는
자연치유 공간이다.

지친 삶에 고만고만한 일상에서
탈출을 시도한 곳이 산이었다.
산이 좋아서 가끔 산행을 하면
온갖 느낌과 가르침이 나를 일깨운다.
그래서 산이 좋다.

산행을 한 지 어언 20년을 넘겼다.
그간 여기저기 산행 경험이 담긴 글들을
한곳에 모아 흘러간 세월 속에
나를 되돌아보니.
참! 감개무량하다!

나이 들어 산행을 할 수 없었던 조선시대 한 선비는 '산을
못 가면 산 그림을 그려 벽에 걸어두고
마음으로 산행을 하는 것도 한 방법이지'
절절한 공감이 마음 벽에 걸렸다.

2021년 푹푹 찌는 여름날

청곡 서재에서 유상식

<글 순서>

1부 : 산은 신비 그 자체

2부 : 추억 담긴 산사랑

3부 : 한반도 산행 참고 자료

-1부 :

산은 신비 그 자체

산은
인간의 온갖 번뇌를
녹인다

* 산을 가면
마음이 즐겁고
기분이 상큼하고
온몸이 편하다

산은 침묵하는 스승
스스로 깨닫게 한다

내가 산을 찾는 이유다

* 산 그리고 사람

산은 자연이다.
있는 그대로다.
주어진 환경에 철저히 순응한다.

인간은 꾸민다.
현재가 불편하면
시시때때로 만들고 바꾼다.

산은 단면
좋고 싫음이 없지만
인간은 양면
좋고 싫음이 분명하다.

산은 꾸밈이 없어 좋고,
인간은 창조성이 있어 그만이다.
산은 항상 그 자리지만
인간은 수시로 자리를 옮긴다.

산은 침묵이다.
산은 신비로 가득 찬
그대로 정원이다.
산은 몸과 마음을 정화시켜주는
무아의 광장이다.

산 다니며
가슴에 담은
산을
활짝 펴 본다.

산은
산이라서 그저 좋다.
산을 타면
자연의 섭리가 안겨온다.

산은 가식도, 허세도 없다.
산은 자연을 거부하지도 않고,
있는 그대로 받아들이고,
전부를 품는다.

그런 산이 좋아 나는 언제나
산을 만날 여유를 갖는다.

* 산, 산, 산山 山 山

우리나라는 국토 크기(남한 면적 10만km²)에서
65.2%가 산이라고 한다.
그만큼 산이 많은 편이다.
산지가 평지보다 쓸모는 못하지만
그 역할은 엄청나다.

산은 거대한 산소 공장이다.
산림은 인간에게 필요한
산소를 무한정 공급해 준다.

산은 거대한 저수지다.
땅속에 스며든 빗물을 품고 있으면서
울창한 산림이 증발을 막아주고,
동식물에게 필요한 물을 서서히 흘려준다.
아름다운 계곡과 강물도
산이 운치를 더해준다.
산은 무수한 동식물의 서식처다.

산에는 온갖 동식물들이
먹이사슬로 공생하고 있다.

산은 인간이 필요로 하는
온갖 먹을거리를 제공해 준다.
산나물, 약초, 열매가 풍성하다.

산은 언제나 도전과 성취감에
산 기운을 듬뿍 들이마시게 하여
삶의 싱싱한 희열을 느끼게 해 준다.

산에서 느끼는 해방감은 별미다.
여유로움과 편안함이 온몸에 스며든다.
온갖 번잡스러움도, 잡스러움도 말끔히 사라진다.
순수한 아름다움이 찾아지고, 느껴진다.
산에서만 맛볼 수 있는 자연이 차린 진수성찬이
마음껏 먹어도 배부르지 않아 너무너무 좋다.

국내 명칭이 붙은 산이 4,440개라고 한다

아쉬운 것은 산 이름을 정하는 어떤 조건이나 기준이 없다는 것이다.
실제 산 이름이 없거나 표기가 안 된 산도

수 천 개가 된다고 한다.
지표로부터 100m를 넘어야
산으로 본다는 국토부의 기준이다.

산, 봉, 재, 치(티), 대 등
산으로 분류될 만한 자연지명은 8,006개로,
이 가운데 재, 치, 고개는 지리적 성격상 통계에서
우선 재외 되었다고 한다.

미국은 2천 피트(약 600m),
영국은 1천 피트(약 300m)가
넘어야 산(mountain)의 호칭을,
그 이하는 언덕(hill)이라고 한다.

* 산은 밝은 삶의 교장敎場

산은 혼자도, 여럿도 침묵으로 안는다.
산은 이런저런 사람 모두를 품는다.
산은 모두를 인정하고,
탐욕을 밀쳐내고,
부족하면 기다린다.

산은 온갖 것들일랑 어울려
외로움을 모른다.
산은 경쟁하면서도
더불어 사는 지혜의 광장이다.
산은 아름다움을 품고서도
다투지 않고
시기하지도 않는다.

산은 감추지도 내보이지도 않는
그대로의 자연이다
산은 교만도, 시기도, 따지지도 않는다.

산은 앞서지도, 뒤서지도, 바라지도 않는다.

산은 끌어안지도, 짓밟지도 않아
공생이고 질서다.

산은 있는 그대로
보이는 그대로
스스로를 지킨다.

산은 신비고, 힐링이고, 감동이다.

산은 알몸이고, 당당하고, 순수하다.
산은 그저 그냥 자유이고, 편안이다
산은 묵상이고 스승이자 지혜이다.

산을 가면
삶의 무진장한 교훈이
나를 일깨운다.

산은 좋은 삶의 길을
인도하는 교장이다.

* 산은 꿈꾸는 자의 낙원

산행을 하면 잊었던 꿈을 찾아주기도 하고,
잘못된 꿈을 고쳐주기도 한다.
새로운 꿈을 간직하게도 한다.
산은 꿈을 가진 자에게
지혜와 열쇠를 주기도 한다.

산은 공존공생의 현장이다.
산을 가보면 온갖 생명체들이
질서와 조화를 이루고
더불어 살아가고 있다.

서로가 필요한 만큼만 가지고,
상대를 돕는 것이
내가 사는 길이라는 것도
터득하게 한다.

산은 질서이고 소통이다.

자연 그대로를 받아들이고
거부하지 않는다.
모두가 생태계에 순응할 따름이다.

산행을 하다 보면
어색한 곳이 하나도 없다.

산에서는 누구의 간섭이나 방해를 받지 않는다.
스스로를 홀라당 벗겨 놓고
마음껏 들춰 볼 수 있다.
세속에 살면서 부딪치고 치이다 보면
나도 모르게 속물이 되어 있다.

산은 온갖 순수 자연이 나를 흔들어 깨운다.

살면서 꿈을 꾸고,
그 꿈을 이루어 가는 삶은
진정 아름답다는 진실을
산이 안겨준다.

* 산바람 휘파람

산은
혼자도, 여럿도
침묵으로 안는다.

산은
이런 사람, 저런 사람
모두를 품는다.

산은
모두를 인정하고
욕심을 밀쳐내고
부족하면 기다린다.

산은
온갖 것들일랑 어울려
외로움을 모른다.

산은
경쟁하면서도
더불어 사는
지혜의 광장이다.

산은
아름다움을 품고서도
다투지 않고
시기하지 않는다.

산은
감추지도, 내보이지도 않고
있는 그대로다

산은
교만도, 시기도
따지지도 않는다.

산은
앞서지도, 뒤서지도
바라지도 않는다.

산은
끌어안지도
짓밟지도 않아
공생이고 질서다.

산은
있는 그대로
보이는 그대로
스스로를 지킨다.

산은
신비고, 힐링이고
감동이다.

산은
알몸이고
당당하고, 순수하다.

산은
그저 그냥
자유이고
편안이다

산은
묵상이고
스승이자, 지혜이다.

산을 닮고 싶어
두근거림에
오늘도 나는
등산화 끈을 조인다.

* 산을 닮고 싶다

산은 온갖 주검을 받아주기는 하지만
스스로 죽지는 않는다.
천재지변이 없는 한
산은 산으로 영원히 건재 한다.

산은 뽐내지도 않고 위력을 과시하지도 않는다.
산은 교만하거나 상대를 괴롭히지도 않는다.
산은 거부하지도 않는다.

산은 여유로움과 넉넉함이 있어서
언제 찾아도 좋다.
신선한 공기,
아름다운 자연,
파노라마로 펼쳐지는 경관,
삼라만상을 품고 있는 산을
보고, 느끼고 있으면
그냥 그 속에 빠져든다.

산은 대자연과 일체가 되어
시공을 초월한다.

산은 인간의 잡다한 마음을
보듬어 주는 자연치유장이다.

산은 누구에게도 연연하지 않는다.
누가 다녀가도 미련을 갖지 않는다.
계절이 지나면 새로운 모습으로
그 자리에 묵묵히 버티고 있다.

산은 간직한 모든 조화와 질서와
아름다움을 보여준다.
누구를 원망하거나
아쉬움을 나타내지도 않는다.

산은 지금 이 순간을
자연에 동화하면서
의연하게 생기를 뿜는다.

산처럼 살면 미련도,
후회도, 원망도 없다.

산에 매혹되면
매사가 긍정적이고
신뢰로 알찬 삶이 엮기리라.

나, 그런 산을 닮고 싶다.

* 산에도 정분이 난다

'산은 옛 산이로되 물은 옛 물이 아니로다
주야에 흐르니 옛 물이 있을소냐
인걸도 물과 같아 한번 가면 다시 아니 오노라'

조선조 중종 때 시가詩歌에 능한
개성 기생 황진이가 읊은 시문이다.

당연한 사실인데
마음에 오래 두고 새겨지는 연유는 무엇일까.
기방에 걸맞은 풍속을 풍자한 듯도 하다.

좀 더 마음을 열고 보면
인간이 제아무리 뻐겨도
죽음이 모든 것을 마무리한다는
자조적인 의미도 있을 듯하다.
그러니 한창 왕성할 때 한 번 멋지게 살아보라는
경고쯤으로도 여겨진다.

산은 태산泰山이라 하고, 물은 유수流水라 한다.
산은 그 자리에 있어야 제멋이고,
물은 흘러야 제맛이다.

사람은 그 자리에 있기도, 흘러가기도 한다.
산에 가면 산도, 물도 만난다.
그 속에 나도 있다.

산은 계절마다 모습을 바꾸면서
자연 생태를 알리고,
계곡 물은
어떤 간섭이나 방해를 받지 않고
유유히 흐른다.

'청산리 벽계수야 쉬이 감을 자랑마라
일도창해하면 다시 오기 어려워라
명월이 만공산하니 쉬어 간들 어떠리'

재색을 갖춘 황진이다운 여유와 멋이 풍긴다.
정서와 감성이 메마른 현대인들에게
신선한 충격이 전해진다.

세상사에 이리저리 쫓기다 보면

인간의 본성은 굳어버리고
타산에만 익숙해진다.

그러다 어느 날
세상일에서 벗어나면
심신이 지치고 몸이 망가져 녹초가 된다.
세상을 원망도 하고,
스스로 자기를 학대도 한다.

이럴 때 산행은 보약이다.
산은 깨우쳐 준다.
세상사에 지친 몸
푹 쉬라고 일러준다.
모든 미련을 벗어 놓으라고
속삭여도 준다.

산은 모든 번뇌를 씻어주는
정분과 조화의 현장이다.

* 산은 나를 일깨우는 수련장

사람은 누구나 살면서 꿈을 꾼다.
잠잘 때의 꿈이 아니라
자기 삶에 대한
미래가치를 창조하는 그림을 그린다.
소원일 수도 있고,
희망일 수도 있다.
간절한 목표일 수도 있다.

그 꿈을 꾸는 동안은
벅찬 환희가 가슴을 메운다.
구름을 탄 듯 황홀하기도 하다.

세상에 태어나서
한 번 멋지게 이루어보겠다는
꿈이 있을 때
세상은 아름답게 보인다.
제대로 살아야겠다는

신념이 뭉친다.
그 꿈이 있는 한
절망하거나 좌절하지 않는다.

꿈은 저마다 그 크기와
내용과 종류도 다르다.
그래서 세상은 조화가 이루어진다.

산은 모든 사람을 받아들인다.
오라고 하지도 않지만
산을 찾으면
세상의 어떤 번뇌도 정화시켜주고,.
세상을 보는 눈을 틔워 주고,
온갖 번민을 순화시켜준다.

산을 혼자서 걷다보면
잊었던 꿈을 찾아도 주고,
잘못된 꿈을 챙겨주기도 하고,
새로운 꿈을 간직하게도 한다.

산은 꿈을 가진 자에게
지혜와 그 열쇠를 건네주는
수련장이다.

* 산은 공존 공생의 현장

세상의 질서는 더불어 살게끔 되어 있다.
모든 생명체는
존재의 필연성과
제 역할을 가지고 있다.

산을 가보면
온갖 생명체들이 질서 있게
조화를 이루고 함께 살아가고 있다.
더도 덜도 없이
서로가 필요한 만큼만 가진다.
조건 없이 주기도 하고 받기도 한다.
서로가 돕는 것이
스스로가 사는 길인 것을 생생하게 보여주고 있다.

유독 인간만이 탐욕으로
온 천지를 가득 채우고 있다.
내가 제일이고, 최고이어야 한다는 오만함이

스스로 비참하게 무너지는 모습을
수도 없이 보면서도
나만은 예외일 것이라고 하는 방심이
개인과 가정과 사회를 망치고 있다.

자기 그릇 만큼만 채우고,
필요한 만큼만 가지고,
남으면 모두를 위해서 베풀고 나누면,
참 멋진 사람으로 오래오래 기억될 것이다.

자본주의 사회에서
권력과 금력은 막강한 힘이다.
하지만 그 힘은 절대로 영원하지 않다.

영원한 것은
오직 베풂과 나눔으로
얻어지는 명예뿐이다.

* 산은 질서이자 소통

산에 가면 거기 있는 모든 것은
거부함이 없다.
그저 편하고 부드럽다.
막힘도 없다.

더위와 추위도 그대로 받아주고,
비가와도, 바람이 불어도
그냥 그대로다.

산은 필요한 만큼만 가진다.
앞서려고 다투지도 않는다.
강하다고 짓밟지도 않는다.
모두가 자연생태계에 순응할 따름이다.
모두가 잘 사는 질서이자 소통이다.

산행을 하면 자연 생태계의
절묘한 질서에 매료된다.

일상생활에서는 이와 전혀 다른 모습이다.

남보다 더 많이 가지려고,
더 앞서려고,
수단과 방법을 가리지 않는다.

오로지 이기는 데에만 온 힘을 쏟는다.
그러다 기진맥진하여 병골이 되거나,
패가망신한 후에야 가슴앓이를 하고,
후회를 한다.

인간도 자연이다.
자연의 순리를 보면서,
스스로를 다지면
삶은 결코 후회하지 않을 듯하다.

* 산은 자기 발견이자 성찰

가장 잘 사는 방법은
자기를 알고 스스로를 사랑하는 것이다.
자기 자신도 모르면서
남을 이해하고 받아들인다는 것은
아궁이에 불을 지피지 않고
물이 끓기를 바라는 것과 같다.

우선 나의 인간됨과
내가 가진 장단점을 알아야 한다.

누구를 만나도 편안함을 주고
진정으로 가까이 하면서
부담감을 주지 않는
나를 만들기 위해
담금질을 해야 한다.

나서지 않고

자기주장이 강하지도 않고
베풀고, 나누며
양보하면서
상대를 배려한다면 참 잘 사는 처신이다.

말은 쉬운데 실천 하기는 쉽지 않다.
살면서 부딪치고 치이다 보면
나도 모르게 속물이 되어있다.
흰 천에 빨간 물이 들면
다시 흰 천으로 되돌리기는 어렵다.

그렇다고 해도
현재의 나를 살펴보고
잘못되고 있는 나를 채찍질하고
바로 가도록 채근해야 한다.

산은 더없이 좋은 성찰의 장이다.

산을 가면 누구의 간섭이나 방해를 받지 않고,
나 스스로를 홀라당 벗겨 놓고,
마음껏 들춰 볼 수 있고,
반듯한 나를 다짐할 수도 있다.

* 산은 숨 쉬는 풍경화

마음이 울적할 때 그림을 보면
기분이 확실히 좋아진다.
개인의 취향에 따라 좋아하는 그림이
다를 수 있지만, 작가의 의도와 관계없이 그 때
그 분위기에 맞는 풍경화가
마음을 잔잔하게 끌어당긴다.

소재나 배경이 한국적이라면
친근감은 더욱 더해진다.
태어나서 성장하면서 주변에서 본 산야가
낯설지 않기 때문이다.
단지 아쉽다면 화폭이 제한적이라서
경관이 축소된 것이다.

산행을 하다 보면 다양한 산천의 풍경에
혼을 뺏기기도 한다.
온갖 꽃들에 벌과 나비들이

춤추며 휘돌아다니는 모습,
울창한 숲속에 퍼덕이는
새들의 유연한 날갯짓,
첩첩이 둘러 친 산등성이 위로
둥둥 떠다니는 뭉게구름,
온갖 형태의 바위 봉들이
위풍당당하게 뻗고 있는 위용,
계절마다 자태를 달리하는 수풀,
깜찍하면서도 맛깔스러워 보이는 나무 열매들,
바람에 일렁이며 물결치는 숲들의 군무,

이 모든 장면들은 자연이 빚어내는
한 폭의 살아 숨 쉬는 풍경화다.

때로는 산행이 힘들어 끙끙거리다가도
눈앞에 펼쳐지는 산속의 파노라마에
넋을 잃기도 한다.

산을 가면 날마다, 계절마다
온갖 형태로 변하는 풍치에
그냥 황홀감에 빠진다.
산은 자연 그대로가 멋진 풍경화다.

* 산은 조화이고 감탄

하늘은 양이고 땅은 음이다.
음양은 만물의 근원이 되는 서로 다른 성질을
가지면서 절묘한 조화를 이룬다.

해와 달은 낮과 밤이다.
낮은 성장이고 밤은 휴식이다.
계속 성장만 해도,
계속 휴식만 해도,
균형이 무너진다.

불은 양이고 물은 음이다.
불은 물을 덥히고 물은 불을 끈다.
둘의 역할이 다르지만 조화를 이룬다.

자연은 여름과 겨울이 있어 만물은 조화를 이루고.
세상에는 남자와 여자가 있어 조화를 이룬다.

남자만 있고 여자가 없는 세상
여자만 있고 남자가 없는 세상은
상상만 해도 끔찍하다.

천지만물은 각기 특성과 역할을 달리하면서도
상반된 존재들이 어울리면서
영속적으로 진화한다.

오르막이 있으면 내리막이 있고,
음지가 있으면 양지가 있고,
기쁨이 있으면 슬픔이 있고,
행복이 있으면 불행도 있다는 것을 받아들여야 한다.

구차하게 인간만이 좋은 쪽만 욕심을 부린다.

산은 존재하는 모두가 한쪽으로만 치우치지 않는
조화의 광장이다.
상반된 조화가 세상의 진리임을 일깨워준다.

* 산은 항상 열려 있다

누군가 '사람의 마음은 열려 있어야
진정으로 깨어 있는 사람이다.
마음이 닫혀 있으면 걸어 다녀도
갇혀 있는 사람이다'라고 했다.

'이런 답답한 사람 봤나'하고
가슴을 쓸어내리는 경우를 본다.
'앞뒤가 꽉 막힌 사람'이란 말도 있다.

마음을 닫고 있으면 우선 의사소통이 안 된다.
인간관계는 서로가 막힘이 없어야 한다.
분명하고 확실해야 한다.
내세울 것이 없어도,
할 말이 없어도,
마음은 열어두어야 한다.
진정으로 듣기만 해도 마음은 열려 있는 것이다.
남의 험담을 잘 하는 사람도 마음이 닫혀 있다.

불평불만이 많은 사람,
자기주장만 내세우는 사람,
가지기만을 좋아하는 사람,
이기기만을 즐겨하는 사람도 마음은 닫혀 있다.

산은 말한다.
마음이 열려 있으면,
세상을 바로 볼 수도 있고.
어떤 사람도 받아들일 수 있다.

마음이 열려 있으면,
어떤 사람도 나를 싫어하지 않는다.

산을 가면 산을 닮는다.
언제 가도
누가 가도
산은 항상 열려있다.

산을 닮으면 삶이 즐겁다.

* 산은 모두를 품는다

누구나 살아가면서 온갖 세상살이에 부딪친다.
때로는 선하게,
때로는 사악하게 살아가게 마련이다.

언제 어디에서든 착하게만 살 수도 없고,
악하게만 살 수도 없다.

물론 모든 사람들이 다 그런 건 아니지만,
경우에 따라 적응하다 보면
자기 본래의 자세를 잃어버릴 수도 있다.
그러다보면 동지도 생기고, 적도 만들어진다.
좋은 관계도 있고, 싫은 관계도 있다.
좋은 관계는 계속 이어지지만,
싫은 관계는 점점 멀어진다.

건강하고 아쉬운 것이 별로 없을 때는,
좋고 싫음이 분명하다.

세월이 지나면서 스스로 약함이 드러나면,
주위가 챙겨진다.
살아온 세월을 회상하면서,
잘못된 처신을 반성하고,
후회도 하게 된다.
좀 더 상대를 이해하고, 인정하면서,
받아들이지 못한 것이 가슴을 조인다.

세상은 사람과 사람과의 인연으로 살게 마련이다.
좋고 싫은 것은 어디까지나 내 마음이다.
내가 싫으면,
상대도 내가 싫을 수 있다.
내가 싫어도 상대를 받아들이면,
상대도 나를 받아들인다.

산은 그 교훈의 현장이다.

산은 그 속에서 모두를 인정하고,
모두를 품어 안는다.

* 산은 침묵이고 겸손

사람들이 모인 곳에 가면 왁자지껄하다.
너 나 할 것 없이 정신없이 떠든다.
옆에 누가 있건 말건 내 마음대로다.

관계가 가까울수록 목청이 커진다.
세상일을 잘도 안다는 듯이 이리치고 저리 치받는다.
목소리가 큰 사람이 좌중을 휘어잡는다.
질세라 덩달아 떠든다.

필요로 할 때 자기 의견이나 주관을 내세우는 것은
지당하지만,
말은 많이 할수록 쓸 말이 없다고 한다.
쓸데없이 말이 많으면 사람이 가볍게 보인다.

말이 많으면,
칭찬보다 비난이나 과장이 자연히 늘어난다.
잘 알지도 못하면서,

아는 척 하다
결국에는 궁지에 몰리고 무시를 당한다.

지혜로운 사람은
부화뇌동하지 않고,
침묵할 때를 알고,
필요로 할 때 용기 있게 나서고,
아무데나 참견하지 않는다.

침묵은 현명한 사람의 최상의 처신이다.

침묵하는 것은 겸손이다.
겸손은 미덕이고,
많은 사람들로부터 호감을 산다.

산은 오직 침묵으로 모두를 맞는다.
산은 나대지 않고 순리에 따른다.

산은 차분한 겸손이자
진정한 수양의 도장이다.

* 산은 조건 없는 나눔

나에게 있는 것을 다른 사람에게 나누어 준다는 것은
아름다운 미덕이다.
알면서도 아무나 쉽게 되지 않는다.

나눔은 비단 재물만은 아니다.
인정도, 관심도,
때로는 나눔일 수도 있다.

나눔은 부담 없이 함께하는 삶이다.
상대방에 대한 배려다.

나눔은 풍족하기 때문에 하는 것만은 아니다.
너무 많아 처치곤란해서 주는 것은,
진정한 나눔이 아니다.

비록 적지만 마음을 담아
챙겨주는 것이 참 나눔이다.

나눔은 주는 것으로 만족해야 한다.
보상을 바라면서 주는 것은,
단지 거래이거나 동정일 뿐이다.

산을 가면 온갖 동식물들이
사이좋게 잘 살고 있다.
모두가 나눔의 침묵이 흐른다.
필요한 만큼만 가지고,
더는 탐내지 않는다.

가진 것을 주기도 한다.
그런다고 생색을 내거나,
우쭐대지도 않는다.
그게 당연한 것인 양,
여유롭기만 하다.

산에 있는 모두가 생생한 것은,
나눔과 베풂이라는 현장을
품고 있기 때문인 듯하다.

우리 주변을 보면 가진 자의
교만과 횡포가 하늘을 찌른다.
저승에 가져가는 것도 아닌데

마음도 몸도 천만근을 짊어지고
전전긍긍하는 모습은
딱하고 가련하기조차 하다.

산을 사랑하면
산을 닮는다.

산은
조건 없는 나눔의
생생한 현장이다.

* 산은 도전과 인내의 시험장

살다보면 '끝까지 참는 자가 이긴다'는
말이 반드시 정답은 아니다.

경우에 따라서는
덤벼야 하는 경우도 있다.
다만 참거나, 덤벼야 하는 시점을
잘 판단해야 한다.

참아야 할 때 덤빈다던지,
덤벼야 할 때 참으면
마음에 상처를 받는다.

산행은 힘들 때가 있다.
호흡이 가빠지고
다리 근육이 뭉쳐 쥐가 나기도 한다.
산행에 익숙하지 못한 사람일수록
산행을 원망한다.

산행할 때마다
산천의 풍광에 매혹되어
힘든 산행을 반복하다
어느덧 산 꾼이 된다.

인생사도 인내와 도전의 조화이다.
세상일이 내 마음대로 되는 것은 아니다.
감정에 휘둘려 천방지축으로 돌아치다 보면
얻는 것보다 잃는 것이 더 많다.

삶은 감성과 이성의 조화이다.
자연이나 인생이나 조화가 무너지면 끝장이다.

자연은 균형과 조화가 절묘한데,
인생은 탐욕이 끼어들어
조화와 균형이 무너지고,
절망에서 허덕일 때가 허다하다.

산행에서 도전과 인내의 교훈을 깨닫고,
삶의 지혜를 터득하면
더없는 행복감에 젖는다.

* 산은 순리가 최고

산은 과거에 얽매이지 않고,
현재에 충실해야,
삶이 편하다는 지혜를 전해준다.

산은 욕심을 부리지도,
다투지도,
시기하지도 않고
있는 그대로를 보여준다.
서로가 공생하면서,
자기 역할에 충실할 뿐이다.
부족하면 기다린다.
설사 큰 재앙이 닥쳐
생존의 위험이 있다 해도,
서둘지 않고 새로운 질서와 균형을
거부하지 않고 받아들인다.
자연의 순리다.

너나없이 열심히 살면서,
적당한 데서 멈출 줄 알아야 한다.
무슨 일이든지 지나치면 화를 입는다.

사람도 자연의 한 부분인데,
욕심은 끝이 없고,
먹이가 있으면 죽기 살기로 덤빈다.
결국에는 파멸의 구렁텅이에 빠진다.

순리를 따르면 모든 일은 순순히 풀린다.
당장 해결이 되지 않는다고
안달을 내고,
심통을 부리면
삶은 무척 고달파진다.

'어떻게 사느냐'는 자기 몫이지만,
순리를 깨치고,
순리대로 살면,
삶은 순탄하다.

산도 자연이고
사람도 때로는 자연이다.
자연에 순응하면 세상은 지상낙원이다.

* 산은 신앙이자 축복

'믿음'을 갖는다는 것은 축복이다.
유일신이든 민간신앙이든,
전지전능한 절대자에게 구원을 청하는 것은
한계를 느끼는 인간의 나약함 때문이다.

살면서 온갖 풍상을 겪어 보면,
지은 죄에 두려움을 느낀다.
스스로가 용서를 구하고,
영생을 바라며 절규한다.

자신이 떳떳하지 못하다고 느낄 때
당당해지기를 바라는 것은
당연한 심리이다.
선한 사람도 악해지면
다시 선해지기를 갈망한다.

때로는 절대자에게 의존해야

구원받을 수 있다는
신념의 감옥을 만들고
그 속에 갇힌다.

신앙은
내가 간절히 바라는 것을
이루어 달라는 기도이다.
영생이든,
건강이든,
사랑이든,
내 마음에 평안이 찾아들면 그게 천국이다.

산행을 하면 온갖 잡념들이
차분히 가라앉는다.
마음도 몸도 평정을 찾는다.

삼라만상은 자연이다.
자연은 탐욕이 없다.
모든 걸 인정하고 받아들이면
그것이 바로 평안이고 축복이다.

산에는 선악이 없다.
있는 그대로다.

보이는 그대로다.

산은 무욕이자 신앙이다.
산은 평안이고, 축복이다.

* 산은 사색의 선방禪房

혼자 산행을 하면
몸도 마음도 홀라당 벗겨지면서
자연에 동화된다.

둑이 터지듯
세월의 기억들이
연이어져 나오기도 한다.

그 속에는
과거도, 현재도, 미래도 있다.
그냥 스치기보다
하나하나마다 깊은 생각에 잠긴다.
살아온 세월에
거쳐 온 길이 새록새록 엮인다.

바쁘게만 살아온 삶에
미련도 남고 아쉬움도 새겨진다.

지금은 어떻게 살고 있는지도 짚어진다.

언제까지일지는 모르지만
남은 세월에 소망을 담아보기도 한다.

사색하기에는 혼자 산행이 제격이다.
걸으면서도,
풀숲에서도,
바위에 걸터앉아서도,
이마에 땀을 훔치면서도,
실타래처럼 생각이 딸려 나온다.
전부가 삶에 얽힌 사연들이다.

지난 세월에 후회해도 돌이킬 수가 없다.
아쉬웠던 인간관계는 내 못난 탓으로 돌린다.
현재 내가 살고 있는 처지도 짚어본다.

산행 사색은 잡다한 생각들을 걸러서,
참다운 나를 찾아내는 수행이다.
신명나는 낭만이 아니라
진지한 삶의 진수를 짚어내는
현미경이다.
과거를 거울삼아

현재의 나에게 충실해야
삶이 편하고 더욱 보람이 있다는
깨달음이 전해온다.

혼자가 외로울 때,
산을 가보면
신선한 자연이
몸과 마음을 순순히 일깨워 준다.

* 산은 참스승

'공명을 즐겨마라 영욕이 반이로다
부귀를 탐하지 마라 위기를 밟느니라
우리는 일신이 한가하니 두려워 할 일 없도다'

조선 시대 선비 김삼현金三賢의 시조다.

예나 지금이나 명예와 부는
인간의 끝없는 욕망이다.

살면서 치열하게 경쟁하면서
상처를 입히고, 상처를 받는다.
그러다 나이 들고
세월 흐르면서,
건강도 잃으면,
모두가 부질없는 거
'놓아라, 비워라' 하면서 손사래를 진다.
부귀영화를 누구도 다 가질 수 없다.

하나를 얻으면
다른 하나를 잃게 마련이다.

명성을 쫓으면, 취욕恥辱이 달라붙고,
부귀를 쌓다 보면, 위기가 기다린다.

더불어 사는 세상에서
나만의 욕망의 성을 쌓다
결국에는 스스로가 그 안에 갇힌다.
,자승자박,自繩自縛이다.

주어진 역할에 충실하면서,
다른 사람을 배려하고, 도와주면서,
베풀고 사는 데에 삶의 무게를 두면
만사가 슬슬 풀린다.

말은 번듯한데 행동이 어렵다.
다들 욕심 때문이다.
욕심! 욕심! 욕심!
욕심으로
'개인'도
'가정'도
'건강'도

'명예'도
'재산'도
'권력'도
만신창이가 되는 꼴을 수도 없이 보면서,
나만은 예외라는 착각에
남의 집 불 보듯 한다.

인간 본능 중에 욕망은 기본이다.
생명을 유지하기 위한 의식주 욕망,
종족 보존을 위한 생식 욕망,
이 원초적인 욕망에
탐욕이 보태져 욕심이 생기면
인간은 한계를 잊어버린다.

끝없이 욕심을 쫓다
결국에는 벼랑으로 떨어지고서야
앗 차! 한들 이미 때는 늦었다.

사람이 살아가는 데에 적당한 욕심은 필요하다.
자기 분수에 맞는 욕심은 삶의 필수조건이다.
문제는 자기 분수를 모른다는 데에 있다.

사람은 정해진 용량의 그릇을 가지고 태어난다.

그 그릇의 용량보다 더 담으려 하면 넘친다.
자기 그릇이 차면 멈출 줄 알아야 하는데,
지나친 욕심이 자기를 망친다.

자기 분수를 알고
자기에게 주어진 용량만큼만 욕심을 채우면
건강과 부를 지키고,
명예를 더럽히지 않을 수 있다.

산행 중에는 절묘한 산천의 질서와 조화를 보면서
어느 한 곳에도 욕심의 흔적을 볼 수 없다.
살아온 세월을 되돌아보고,
지금은 어떻게 살고 있는지를 되짚어보게 하는
때 묻지 않은 산길이다.

혼자 산행을 하면 나 자신을 산이란 투명거울에 속
마음까지 비쳐 본다.
그 거울이 내 마음을 들추어보고
삶의 길을 비쳐 준다.

산은 진정한 자기수신과 수양의 현장이자
참된 삶의 의미를 깨치게 하는 참스승이다.

* 산은 시와 음악의 광장

산행 중 야생화에 나비가 나풀거리면 나도 모르게
옛 시인(소월)의 정감어린 시가 흥얼거려진다.

'산에는 꽃 피네/ 꽃이 피네
갈 봄 여름 없이/ 꽃이 피네
산에/ 산에/ 피는 꽃은/ 저만치 혼자서 피어있네'

자연과 내가 하나 됨이 결코 어색하지가 않다.
산길에서 만나는 자연은 아름다운 향연이다.

산길을 걸으면 정신이 맑아지고,
생각도 순수해진다.
영감도 되살아난다.
시인이 아닌데도 시상詩想이 꿈틀거린다.

마주하는 산천의 온갖 형상들에
심장에서 마구 함성이 터진다.

산을 가면 온갖 소리를 듣는다.
바람 소리가 부드럽게
때로는 강렬하게
나무숲을 흔들 때면
마치 거대한 오케스트라 공연장에 온 듯하다.
딱따구리가 나무 찍는 소리가 끼어들기라도 하면
그 감흥은 절정에 이른다.

새소리도 정겹다.
산속의 정적을 깨치고 '찌찌' '구구' 울기도,
푸드덕 날갯짓을 하기도 한다.
조금도 어색함이 없이 그 소리에 빨려든다.

계곡의 물소리도 화음이 절묘하다.
'졸졸' '콸콸' 물살에 풀숲이 흐느적거린다.
바위라도 부딪치면 물보라를 일으키며
흰 거품을 토하기도 한다.

풀숲에 곤충들이 퍼덕이는 소리도 귀를 간질인다.
비 오는 날이면
나무 잎에 떨어지는 빗방울 소리도 정겹다.

궂은 날씨면 번갯불이 번쩍하면서 천둥 치는 소리도,

생기를 잃은 고목나무가 쓰러지는 소리도,
산짐승들이 나무 사이로 스치는 소리도 풋풋하다.

이 모두가 자연이 빚어내는 화음이다.
전혀 거부감이 없어
대 자연의 소리바다를 혼자서 즐기며
그 속에 빠져있을 때의 아늑함은
그야말로 무아지경이다.

산은 시와 음악의 순수한 광장이다.

* 산은 신비로 꽉 찬 정원

산은 가꾸지 않아도
너무 멋진 정원이다.
누구의 손질도 없는데
어디 한 군데 나무랄 데가 없다.

수없는 식물이 섞여 있는데도
스스로 제자리를 찾아
자기 모습을 활짝 드러내고 있다.

싫어도 서로를 탓하지 않고
더불어 사는 모습이
그저 아름답다.

산은 살아있는 정원이다.
산 속에 있는 모든 생명들이
가만히 있는 듯
살며시 움직이는 듯

그저 조용하다.

봄, 여름, 가을이면
숱한 야생화가 제철에 피어
산행을 즐겁게 해 준다.

겨울이면
적막한 풍경이
가슴으로 안겨 온다.

잎 식물
줄기식물
넝쿨 식물
둥치 식물들이
낮게
높게
너르게
제 자리를 만들고는
묵묵히 생기를 뿜고 있는 모습은
볼수록 신비롭다.

산은 거대한 산소 공장이다.
온갖 식물들이 산소를 뿜어

또 다른 생명을 보듬어 준다.

산은 자연이 펼쳐 주는
거대한 패션장이다.
봄이면 온갖 꽃으로 단장을 하고,
여름이면 무성한 숲으로,
가을이면 색색의 단풍으로,
겨울이면 백설을 덮어쓰고
자연의 섭리를
침묵으로 깨우쳐 준다.

산은
사계절 내내
언제 가도
신비로 꽉 찬 정원이다.

* 산은 천연 작품 전시장

산은 자연이 빚은 작품 전시장이다.
온갖 자태와 풍경들이 발걸음을 옮길 적마다
새로운 모습으로 다가온다.

청명한 날의 선명한 풍경
운무가 산허리를 둘러친 산경
바람결에 일렁이는 숲들의 군무
바위 절벽을 타고 쏟아지는 폭포수
긴 세월을 버틴 노송의 늠름한 모습
쭉쭉 뻗은 고목들
천태만상의 바위들
철따라 피는 온갖 꽃들의 자태
단풍으로 치장 한 숲들의 일렁임
눈으로 보는 것만으로도 감탄이다.
어떤 예술가도 미화시킬 수 없는 천혜강산이다.

황금색으로 반짝이는 복수초

보라색을 덮어쓴 벌깨덩굴
수줍은 듯 다소곳한 할미꽃
잡목 사이로 얼굴 내민 금난초
바위에 붙어 은은한 향기를 풍기는 석곡난

이른 봄추위에 아장대는 얼레지
큰 잎 눌러쓴 은방울꽃
땅바닥 잎 깔고 앉은 민들레
야릇한 색깔을 머금은 매발톱꽃

청사초롱 꽃망울로 장식한 개불알꽃
언 땅 녹기 무섭게 꽃자루를 내미는 노루귀
요사한 연노란 색 꽃으로 단장한 삼지구엽초
잔설에 고개 내민 홀아비바람꽃

바위틈 옹기종기 모여 노란 꽃 상 차린 기린초
풀숲에 우뚝 솟아 고깔모자 꽃다발 들고 있는 노루오줌
연보라색 꽃잎에 길쭉한 수술로 멋을 낸 비비추

이 꽃들에 벌과 나비가 하느작거리면
생동감은 더욱 환상적이다.

산등성이 바위 위에 올라탄 물개 상

숲속을 엉금엉금 기는 거북바위
삿갓 쓴 도인 석
다소곳이 고개를 숙인 미인 석
남성의 심벌을 쏙 빼닮은 남근 석
애틋한 사랑을 속삭이는 연인 석
호랑이와 사자 모양을 한 맹수바위
하늘을 찌를 듯 치솟은 바위 봉

이 모두가 오랜 세월
자연이 빚은 작품들이다.

산을 가면 하루가 다르게
자연이 연출하는 절묘한 장면들에
온 몸이 녹아든다.

자연이 빚어낸 온갖 비경
탁 트인 넓은 입체공간에서
마음 닿는 대로 보고 느끼기만 하면 된다.

멋진 산 경관을
누구나 욕심을 낼 수는 있지만,
가질 수는 없다.
옮길 수도 없다.

그 자리에 내가 가면,
언제라도 만나는
천연 화랑이다.

* 산 향 만취

산을 가면
별별 산 향기가
온 산에 넘실거린다.

숲 사이 바람에 실려
마시고 취하면
가슴이 스르르
산 향에
푹 젖는다.

산 향은 순수하다
있는 그대로
뿜는다

언제 만나도
마음이 푸근하다.

비록 삶이 힘 덜어도
살면서 향기가 배면
사는 게 훨씬
신명이 덩실덩실 춤을 춘다.

산을 찾아가면
맑은 산 향기가
언제나 나를
취하게 한다.

그 향 그리워
그 향 만나러

오늘도 나는
배낭을 꾸린다.

* 산타령

가끔 만나는 지인들이
'요즘도 산에 다니느냐'고 묻는다.
'그렇다' 하면,
'못 말려, 이젠 그만하라'고 닦달이다.
'건강 때문이냐, 체력 자랑이냐.'
'나이도 생각해야지. 이제 넘어지면 끝장이야'
같은 말을 자주 듣는다
'걱정인지' '핀잔인지'
어리둥절해 진다.

배낭 메고 산 찾은 지가 수십 년이다.
매주 수요일 옛 동료들과 모임 산행을 한 지도 20년이 지났다.
혼자서 전국 산행을 즐기는 편이다.
사실 혼자 산행은 안전에 함정이 숨어있다.
그런데도 나는 혼자 산행을 고집한다.

산을 혼자서 가면 우선 홀가분하다.
지방산은 여행과 산행이 함께해서 더 좋다.
낯선 고장을 찾아 떠난다는 설렘이
소년의 마음이고,
차창에 스치는 서정과 낭만이
가슴으로 안겨든다.
처음 만나는 산야에 펼쳐지는 온갖 풍경들도
정겹다.

산행은 혼자일 때 누구의 방해도 받지 않고
순수 자연을 그대로 보고 느낄 수 있어서 좋다.
지나온 세월을 반추도 해 보고,
녹슨 추억을 들춰
지난 세월을 산길에 펼쳐
현재의 나를
챙겨보기도 한다.

산은 언제 가도
자연의 끊임없는 변화에
경이와 감탄으로
온몸에 전율이 번진다.

수도 없는 능선과 계곡

나무와 바위
꽃과 열매
벌과 나비
산새와 산짐승
바람과 구름
온 산에 잘도 어울려
천하 최고의 정원이다.

산을 가면 인내와 성취의 뿌듯함이 안겨온다.
산길이 험해 체력이 달려도
목적 산행이면 힘들어도 해내야 한다.

세상을 살면서 힘이 부칠 때가 많다.
힘들다고 포기해 버리면 삶은 허망하다.
살면서 좌절과 절망을 딛고
일어설 수 있는 끈기를 키워야 한다.
산을 가면 힘든 삶을 헤쳐 나가는
지혜의 길이 보인다.

'산은 힘들 때 용기를 심어 준다'
'산은 심란할 때 마음을 다독거려 준다'
'산은 외로움을 어루만져 준다'
'산은 자연의 순리와 이치를 가르쳐 준다'

'산은 더불어 사는 현장을 보여 준다'
'산은 순수 아름다움을 안겨 준다'
'산은 만물의 존재 의미를 살피게 해 준다'
'산은 언제 가도 거절하지도 않는다'

산을 가면 온갖 것을 보고 느낄 수 있어
세상을 보는 눈이 열린다.

산행은 언제고 새삼스런 뿌듯함이
온몸에 감겨온다.

* 산은 수양의 요람지

산행은 인내와 끈기의 도전이다.

산을 가지 않으면 산은 영원한 타인이다.
산행이 힘들다고 되돌아서도
산은 언제나 그 자리에 있다.
산은 다가가는 끈기의 시험장이다.

'태산이 높다하되 하늘아래 뫼이로다
오르고 또 오르면 못 오를 리 없건마는
사람이 제 아니 오르고 뫼를 높다 하더라'

〈양사언〉

세상에 힘들이지 않고
쉽게 되는 일은 아무것도 없다.
더욱이 어떤 목표가 있으면
사생결단 매달리지 않으면
쉽게 이루어지지 않는다.

크고 험한 산을 오르려면 힘이 든다.
온몸에 땀이 흐르고
호흡은 가쁘고
다리가 묵직하다.
'내가 왜 이 짓을 하지'
스스로 의아할 때도 있다.

정상까지 가야 한다는
목표가 있으면 갈 수밖에 없다.
힘들다고 중간에서 포기해 버리면
목표이던 정상은 오를 수 없다.

세상만사가 다 그러하다.
돈, 명예, 권력, 성공, 행복이
저절로 찾아오지 않는다.

산행을 하듯
목표를 정하고
꾸준히 시련을 견뎌내고,
최선을 다해야
목적지에 도달할 수 있다.

나는 산을 오를 때마다 무척 힘들어한다.

남들은 내가 산을 좋아하고 산행을 자주하니,
체력이 아주 좋은 줄 안다.
그렇지 않다고 해도 괜히 엄살을 부린다고 한다.
남이야 무어라 하던
나는 이를 악물고 산을 오른다.
산을 오르면서 힘이 들면
나도 모르게 '고시조'(김천택)가 흥얼거려 진다.

'잘 가노라 닫지 말고 못가노라 쉬지 마라
부디 긋지 말고 촌음을 아껴스라
가다가 중지곧하면 아니 감만 못하니라'

산행은 오로지 몸만 단련시키는 것은 아니다.
신비로운 산천을 만나다 보면
마음도 한결 유연해진다.
마음속에 낀 온갖 응어리들이
스르르 풀린다.
원망도, 미움도, 섭섭함도
바람결에 날아가 버린다.

산 정상에 오르면 사방이 탁 트이고
온갖 풍경들이 시야에 잡힌다.
온 천하를 얻은 듯 뿌듯하다.

정상에 오른 자만이
느낄 수 있는 환희의 순간이다.
자연의 여유로움과 순리가 전신에 감겨온다.

요즘 '수양修養'이라는 말을
듣기가 쉽지 않다.
살기 위해서, 살아남기 위해서
세상과 부딪치고 지친 몸과 마음을
치유한다는 뜻이 담겨있다.

현대인들은 지금까지 살아온 세월 속에
알게 모르게 쌓여온 마음의 상처들에
힘들어 하고 있다.
쉬고 싶고, 안정을 찾고 싶다는 생각이
본능처럼 찾아들어
물리적인 치료가 아닌
정신적인 치유를 받고 싶어 한다.

수양을 위해서는
우선 마음의 평정을 찾아야 한다.
일과 성공 그리고 명예에 대한
집착과 집념을 놓아버려야 한다.
온갖 근심과 걱정

지나친 체면 차리기를 버려야 한다.

수양을 위한 장소는
산만큼 좋은 곳이 없다.
산에 가면 녹색 수림이
피로에 지친 눈을 시원하게 해준다.
각종 수목에서 뿜어내는 피톤치드가
온몸에 생기를 돋아준다.

산 속에 있으면 모든 욕망을 잊게 하여
마음의 평정을 가져다준다.
산은 온갖 조화와 신비를 느끼게 하여
심신을 편안하게 해준다.

산행을 하고 나면
식욕이 좋아지고
밤잠을 편안하게 잘 수 있고
용변이 시원하다.
이보다 더 좋은 수양이 또 있을 가.
삶의 최고 행복인
삼쾌(快食, 快眠, 快便)를
산행이 가져다준다.
산은 자연 순환의 순수한 현장이다.

세상사에 지친 심신을 대수선해 주는
확실한 방도는
자연 순리에 전신을 맡기는 것이다.

* 산은 도전과 열정의 체험장

산맥 산행을 할 때마다
주변에서는 모두가 무모하다고 한다.
격려와 용기를 주기는커녕
나이도 있는데, 걱정 반, 우려 반 만류가 많다.

그럴 때마다 은근히 걱정도 된다.
하나같이 만류하는데
무슨 일이라도 벌어질까 봐,
마음이 움츠러든다.

한번 결심하면 기어이 해보는
성미를 어찌하랴.
시도해 보지도 않고
물러서는 후회를
나는 가장 싫어한다.

'도전과 열정'

내가 살아오면서 가장 많이 되뇌며
삶의 에너지를 찾는 화두다.
혼자서, 현지상황을 모른 채
산길을 걷는 것이
무모하지만,
'목표가 분명하고 의지가 굳다면
못할 일도 없다'는 다짐으로 마음을 추스른다.

'하지 못한다는 패배의식보다는 할 수 있다는
마음가짐'이 자신감을 키워준다.
꼭 간직해 두어야 할 삶의 키워드다.

도전과 열정은 위험이 따르기도 하지만
짜릿함이 온몸에 번진다.
해냈을 때 희열은
체험해 보아야만 맛볼 수 있는 소중한 교훈이다.

힘들고 어려운 처지도 있지만,
무모함이
흐뭇한 결실로 이루어지면
도전과 열정은 더없는 감동이다.

누구나 살면서 한번쯤은 삶을 챙겨 보면 나름대로 성공한 삶일 수도 있고, 아쉬운 삶일 수도 있다.
안되면 되는 방법을 고민하고,
끈질기게 부딪치면서 찾으면
길이 있다는 소중한 체험 현장이 산행이다.

세상은 하루가 다르게 변하고,
삶의 질도 나날이 새로운 계단을 펼치고 있다.

세상에 쉬운 것은 없다.
세상살이가 그리 호락호락하지도 않다.
치열하게 살면서 도전과 열정이 없이는
아무것도 얻을 수 없다.

도전과 열정이 무모할 때도 있다.
무모함은 바보 같은 어리석음이다.
하지만 목표가 분명하고 준비가 충분하면
무모함이 엿보아도 밀어붙여야 한다.
용기와 행동이 따르면
어떤 것도 해결의 길이 보인다.

시도해 보지도 않고 평생을 후회하느니,
무모하지만 도전과 열정으로 부딪치면,
결실은 항상 내 편이라는 것을

산이 알려 준다.

도전과 열정은
언제나 삶의 신선한 청량제다.

* 산사랑 신바람

산은 침묵이다.

산은 신비로 가득 찬
그대로 정원이다.

산은 몸과 마음을
정화시켜주는
무아의 광장이다.

산 다니면서
가슴에 담은
산을
펴 본다.

산은
그저
산이라서 좋다.

산을 타면
자연의 섭리가
우주를 안고 온다.

산은 가식도
허세도 없다.

산은 있는 그대로를
받아들이고
전부를 품는다.

산이 좋아
오늘도
나는
산바람이 난다.

* 산정무한山情無限

〈1〉
산을 가면
참 나를 만난다.

행복했던 순간 들
고마웠던 추억 들
미안했던 사연 들
아쉬웠던 일 들
서운했던 인연 들
힘들었던 시간 들

주마등처럼 스친다.

이제는 모두가 삶의 흔적들이다.
산은 지나온 세월 모두를 안아준다.

〈2〉

산은 멋을 부려도 오만은 없다.
산은 사계절 모두가 아름답다.
언제 만나도 편안하다.
그저 있는 그대로를 보여 준다.
언제 가도 싫증이 나지 않는다.

유행이 멋을 만들고
멋이 유행을 이끄는
우리네 삶과는 사뭇 다르다.

〈3〉

산을 가면
오관이 열린다.
그저 순수하다.

깔끔하다.
선명하다.
감탄이다.

〈4〉

산은 조용하다.
인간은 시끄럽다.

산은 침묵이고
인간은 태어나면서부터
울기 시작했다.

〈5〉
산은 꾸미지를 않는다.
있는 그대로를 보인다.
숨기지도 않는다.

인간은 꾸미기를 즐겨한다.
심지어 마음까지도
산은 진성眞性인데
인간은 가면이다.

〈6〉
산은 순리에 절대복종이다.
오로지 따를 뿐이다.

인간은 복종을 아주 싫어한다.
자기가 군림해야 직성이 풀린다.

〈7〉
산을 가면

도전과 인내와 용기를 심어 준다.
순수한 마음을 일깨워 준다.
진정한 나를 만나게 해 준다.
지친 심신을 어루만져 준다.
새로운 꿈을 담아주기도 한다.

산은 지친 몸과 마음을
본시대로
되돌려주는
신비의 광장이다.

* 산정수훈山情垂訓

〈1〉

산은 언제고 모두를 품는다.

인간은 필요한 것만 받아들이고,
쓸모가 없으면 뱉어 버린다.
그래서 인간은 갈등과 적이 생긴다.
모두를 끌어안는 것이 잘사는 길이다.

〈2〉

산은 선택하지 않는다.
그 안에 있는 모든 존재들이
그냥, 주어진 여건과 환경에 적응한다.

산은 잘 적응해야
살아남는다는
이치를 터득하게 해 준다.

〈3〉

산은 인내를 가르친다.
가다 힘들면 쉬면서 버틴다.
마음먹은 대로 끝나면
잘 참고 해냈다는 위안을 준다.
살면서도 힘들 때가 많다.

견디고 부딪치다 보면
참는 것이 백번 잘한 일이다.

〈4〉

산은 가야 만난다.
산은 늘 그 자리에 있다.

내가 가지 않고
상대가 나에게 다가오기를 기다리는 것은
진정한 만남이 아니다.

〈5〉

산은 단순하다.
인간은 복잡하다.
산을 가면 산을 닮는다.

있는 듯 없는 듯
살라는 지혜를
산이 깨우쳐 준다.

〈6〉
산은
다투지 않고
적응한다.

인간은
끝없이 투쟁하고
반목한다.

산을 가면
이해하고
화해하고
용서하는 마음을 심어 준다.

〈7〉
산은 자연을 받아들이고
인간은 자연을 때로는 거부한다.

산은 생사필멸에 의연하고

인간은 사생결단을 한다.

산은 조화와 질서다.
산은 다투지 않는다.
필요한 만큼만 가지고
모자라면 채운다.

산도 사람도
본질은 조화와 질서다.

그런데도 인간은
죽을 때까지 다툰다.
서로가 주기보다
받기에만 목매단다.

* 산울림

산은 말없이 그곳에 있어
나도 말없이 그 산에 간다.

'왜 산을 가느냐' 묻는다면
'산이 있어 간다'
선문답 같은 말을 간혹 한다.

산을 즐기는 방법도 다양하다.

계절 따라 일상에 찌던 몸과 마음의 청결을 위해
가끔 산행을 하다 산에 매료되었다.

찾는 산마다 특색 있어
산행마다 묘한 맛이 더해진다.

수목이 울창한 산
계곡이 아름다운 산

바위가 우람한 산
능선이 질편한 산
사방 조망이 탁 트인 산
첩첩 능선이 뻗치고 감긴 절묘한 산

강줄기 휘돌아 감아 부친 산
산 향이 진동하는 산
진달래 철쭉이 화사한 산
단풍 억새가 황홀한 산
희디흰 눈을 덮어 쓴 산

이런 산들이 좋아
나는 자꾸만 산행
유혹을 받는다.

산은 순수하고
산은 거짓이 없다.
산은 치장을 모르고
산은 보이는 그대로다.

산은 느끼는 그대로다.

산은 질서와 조화의 현장이다.

산은 아름다움의 전시장이다.
산은 운치와 멋이 풍긴다.
산은 신비로움의 성찬이다.

산은 모든 것을 받아들인다.
산은 재촉하지 않는다.
산은 살아 숨 쉰다.
산은 가식이 없다.
산은 기다릴 줄 안다.
산은 기氣를 뿜는다.

산은 언제 만나도 정답고 편하다.
산이 그리우면 산을 찾는다.

산이 부른 것이 아니고
산의 신비와 절묘한
산울림을 만나러
내가 산을 간다.

* 바위산의 감동

산을 가면 유독 마음을 끄는 산이 있다.

정상에 우람한 바위가
가슴을 철렁하게 하는 산

산 능선에 온갖 형태의 바위들이
병풍처럼 둘러친 주뼛주뼛한 산

주변 봉마다 뭉텅뭉텅
보기만 해도 아슬아슬한 산

바위산을 볼 적이면
온몸이 긴장하면서
열기가 불끈 솟는다.

그 산의 에너지가 몸속에 스며들어
끙끙거리면서 무리한 등정을 한다.

바위산은 멀리서 보면 정경이 더 일품이다.
막상 힘들게 접근하면 거대한 절벽에 마주친 듯
먼데서 보던 멋진 경관은 볼 수가 없다.
그래도 기분은 별미다.

요즘도 산행 생각이 나면
전국 등산 자료를 뒤져
바위가 절경인 산을 찾는다.

다녀본 산 중에 바위로 나를 감탄시킨 산은
언제나 감동이다.

· 서울 **북한산**北漢山(837m)
인수봉, 촛대봉, 족두리봉, 만경대, 연초봉, 원효봉, 용암봉, 일출봉, 노적봉, 보현봉 등 가히 바위 봉들의 장관이다.
주봉인 백운대를 중심으로 인수봉, 만경대가 삼각을 이루고 있어 일명 '삼각산'이라고도 한다.
북한산은 한반도의 중앙에 있으면서 북쪽의 백두산, 남쪽의 지리산, 동쪽의 금강산, 서쪽의 묘향산과 더불어 한반도 오악의 명산이다.

· 서울 **도봉산**道峰山(740m)

자운봉을 주봉으로 만장봉, 선인봉, 신선대, 칼바위봉, 오봉, 포대능선이 어우러져 가히 바위전시장이다.

· 인천 강화 **마니산**摩尼山(469m)

산이 높지 않아 주변 봉 이름은 없지만 능선으로 연결된 바위 봉 들의 경쾌한 분위기는 능선 따라 서해의 조망과 낙조가 장관이다.

· 강원 양양.인제 **설악산**雪嶽山(1707.9m)

주봉인 대청봉을 위시하여 화채봉, 나한봉, 귀떼기봉, 울산바위 등 첩첩한 능선과 천태만상의 기암, 거대한 암봉, 암릉은 울창한 수림과 조화를 이루면서 산악미의 극치를 이룬다.

· 강원 홍천 **팔봉산**八峰山(327m)

8개의 기이한 암봉과 바위굴 등으로 암봉의 3면을 홍천강이 휘감고 있어 마치 수반에 올려놓은 수석같이 아름답다.

· 경기 가평 **운악산**雲岳山(945m)

성벽 같은 암릉에다 눈썹바위, 미륵바위, 병풍바위, 애기바위, 기둥바위의 날카로움이 간담을 서늘케 한다.

· 경기 파주 **감악산**紺岳山(674.9m)
경기5악 중 하나로 정상인 임꺽정봉을 정점으로 병풍바위, 석창문, 악귀봉, 신선바위, 비봉, 까치봉으로 이어진 암릉의 곡선이 절경이다.

· 경기 양주 **불곡산**佛谷山(468.7m)
암릉이 길게 이어지는 아슬아슬한 바위산이라 오르고 내리기에 섬찍지근하지만 좌우 전망이 일품이다.

· 충남 서산 **팔봉산**八峰山(362m)
8개의 바위봉이 가관이다.
그중 4개 봉우리는 큰 바위를 차곡차곡 쌓아 올려진 빼어난 암봉 이고, 정상인 3봉은 아슬아슬한 바위 구멍이 뚫려 있어 산행을 짜릿하게 한다.
정상 바위에서 내려다보는 서해의 조망이 장관이다.

· 충남 홍성 **용봉산**龍鳳山(381m)
노적봉, 악기봉을 능선으로 연결된 아기자기한 암봉은 마치 산경수석을 길게 연결한 전시를 보는 듯 잊혀지지 않는 절묘한 산경이다.

· 대구 **팔공산**八公山(1192.9m)
정상인 비로봉 좌우로 동봉, 염불봉, 서봉, 파계봉,

갓바위봉으로 이어지는 암릉으로 산행은 짜릿하다.

· 경북 청송 **주왕산**周王山(720.6m)
기암. 연화봉, 망월대, 급수대, 학소대, 시루봉, 향로봉, 관음봉, 나한봉, 옥녀봉등 준수한 암봉과 주왕굴. 무장굴, 연화굴과 제1.2.3폭포가 어우러져 선경을 방불케 한다.

· 부산 **금정산**金井山(799.5m)
낙동강이 조망되는 정상인 고담봉을 비롯하여 부채바위, 나비바위, 장군봉, 원효봉, 의상봉 등 바위들이 절묘하여 산멋을 풍긴다.

· 전북 완주 **대둔산**大芚山(878.97m)
우뚝 솟은 바위 봉우리마다 독특한 형상을 닮아
암군 전시장 같은 현장이다.

· 전남 해남 **달마산**(499.5m)
일직선 산능에 솟구친 기암괴석의 예리한 봉봉들이
절경을 이루고 있어 보는 이들의 간담을 서늘케 한다.

· 전남 영암 **월출산**月出山(809.8m)
수많은 기암괴석이 봉(천황봉, 장군봉, 매봉, 사자봉, 구정봉, 향로봉)마다 독특한 자태를 뽐내고 있어 감탄이 절로 터진다.

· 전남 고흥 **팔영산**八影山(606.7m)
여덟 개의 암봉이 도열하듯 연이어 있어 바위 봉을 아슬아슬하게 타고 오르면서 산 아래 펼쳐지는 남해의 섬들을 내려다보면 가히 천하절경이다.

· 전남 해남 **두륜산**頭輪山(700m)
8대 암봉(고개봉, 노승봉, 가련봉, 두륜봉, 도솔봉, 연화봉, 혈망봉, 향료봉)으로 이어진 산세가 볼수록 장관이다.

· 경남 거창 **우두산 의상봉**義湘峰(1046.3m)
능선에 천태만상의 암봉, 암릉, 기암이 절묘해
보는 것만으로도 감탄이다.

천태만상의 바위산 유혹에
힘들게 산을 타고 접근해 사방을 둘러보면
장관이다.

이럴때 고산孤山 윤선도의 고시조가 제멋이다.
'꽃은 무슨일로 피면서 쉬이 지고
풀은 어이하여 푸르는듯 누르나니
아마도 변치 아닐손 바위뿐인가 하노라'

바위산은 언제나 나를 산행으로 유혹한다.
그때가 언제이고 가슴이 설렌다.

* 산행 중 환담

산행은 지인의 친분을 더욱 두텁게도 한다.
가끔 연락이 닿아
산행을 함께 하는 날이면
기분은 한결 홀가분하다.

어느 날 다섯 친구가
산행을 함께 하는 날이었다.
만나서부터 온갖 이야기에 정이 펄펄 넘친다.
무슨 이야기라도 부담이 없어
그저 희희낙락이다.

나이가 나이다 보니 건강, 생활 이야기가 주제다.
직장도 떠났고,
결혼생활도 4, 5십 년이 흘렀고,
자녀들도 다 독립해
그저 부부 단출하게 살고 있는 처지가 비슷해
간간이 부부관계 이야기가 웃음꽃을 피운다.

그날도
“자네 집은 어떤가?‘
“말도 마, 집 나오면 집에 들어가기가 싫어“
“왜 늘그막에 단둘이 알짱알짱 깨가 쏟아질 텐데!”
“자네는 그런가?”

“저기 가다 쉼터에서
서로 간 부부관계를 진솔하게 한번 들어 보자고.”

요즘 부부 단둘이 사는 분위기가 어떤지
솔직히 털어놓아
노년의 삶을 한 번 짚어보는 산 중 환담을 펼쳤다.

평소 말이 적은 얌전한 친구
“그저 죽어지내는 거지,
무조건 양보하고 지는 것이 편안해”

매사가 신중한 점잖은 친구
“별것 아닌 것 시시비비 따지다가
날이면 날마다 분위기가 썰렁 해”

성격이 매우 적극적이고 활달한 친구
“지난 세월에 섭섭했던 일을 하루가 멀다 하고

반복하는 마누라 진저리가 나"

타협과 양보에 능한 친구
"말도 마, 이제 마누라는 여자가 아니야.
40년 넘게 미운 정 고운 정 다 빠지고
찰기가 없어 무미건조해"

매사가 긍정적인 친구
"천생 여자라 매사에 순종하고, 조용해.
그런데 여자 멋은 없어.
좀 애교도 있고 깔끔한 맛이 있어야 하는데
젊을 때가 그립지."

모두가 떫은 감 한 잎 깨문 어조 다.

부부는 삶의 동반자이자 공생의 기둥이다.
사람도 사계절이다.
부부는 봄 계절에 만나,
여름 계절에 열심히 살고,
가을이 되면서 생기가 빠지고
겨울에 들어서면 무미건조한 분위기다.

남자 맛도, 여자 멋도 다 빠진다.

남녀 만나 오랜 세월 함께 살다 보면
온갖 희비애환이 뒤엉겨 아기자기한 분위기는
저만치 뒷전이고,
그저 편하고 믿음만 그득할 뿐
시큼씁쓸한 남녀일 뿐이다.

“어떻든 지금까지 잘살고 있으니
‘그러려니’ 하고 사는 동안 잘 살기요.”

“그러지 뭐” 한바탕 웃고
산행을 계속했다.

* 산행 글 유감有感

많은 세월이 지난 데도
잊혀 지지 않는 글이 있어
가끔 그 글을 찾아 읽어본다.
언제 읽어도 생기가 솟고
멋진 글이라 감탄을 한다.

조선 말기 작자 미상으로 쓰여 진
'유산가'遊山歌 와
한국 문단에 큰 업적을 남긴
'정비석' 작가의 금강산 기행문인
'산정무한'山情無限이다.

10대 때 읽은 글이
이토록 오랜 세월 나를 감동케 하는 것은
산을 가까이하면서 산경이 연상 되어서다.

'유산가' 글 중

'화란춘성花爛春城하고 만화방창萬和方暢이라.
때 좋다 벗님네야,
산천경개山川景槪를 구경 가세.
죽장망혜竹杖芒鞋 단포자單瓢子로 천리강산千里江山
들어를 가니,
만산홍록滿山紅綠들은 일년일도一年一度 다시 피여,
춘색春色을 자랑노라
색색色色이 붉었는데,
창송취죽蒼松翠竹은 창창울울蒼蒼鬱鬱 하고,
기화요초琪花瑤草 난만 중爛漫中에,
꽃 속의 잠든 나비 자취 없이 날라든다....'
.....원산遠山은 첩첩疊疊 태산泰山은 주춤하여,
기암奇巖은 층층層層 장송長松은 낙낙落落 에이 구부러져
광풍狂風에 흥興을 겨워 우줄우줄 춤을 춘다.....'

〈편의상 원문 고어를 현대글로 정정〉

몇 번을 읽어도 싱그럽고 힘차다.

'산정무한' 중에
작가가 금강산 산행을 하면서
면면을 생생하게 짚은 구절이다.

'.....탐승의 길에 올랐을 때에는.....

원근 산악이 열병식 하듯 점잖이 들 버티고
서 있는데.....
만학천봉萬壑千峯이 한바탕 흐드러지게 웃는 듯,
산색山色은 붉을 대로 붉었다.
자세히 보니 홍만도 아니었다.
청靑이 있고 녹綠이 있고 황黃이 있고 등橙이 있고,
이를테면 산 전체가 무지개와 같이.....
스펙트럼의 조화던가?.....
산의 용모는 더욱 다기多岐하다.
혹은 깎은 듯이 준초峻峭하고
혹은 그린 듯이 온후하고,
혹은 막 잡아 빚은 듯이 험상 궂고 혹은 틀에 박은 듯이
단정하고.....,
용모 풍취가 형형색색인 품이 이미 범속이 아니다......
산 전체가 요원燎原 같은 화원이요,
벽공에 외연히 솟은 봉봉은 그대로가 활짝 피어오른
한 떨기의 꽃송이다.....
유상무상有象無象의 허다한 봉들이 전시戰時에 할거하는
군웅들처럼 여기에서도 불끈 저기에서도 불끈,
시선을 낮춰 아래로 굽어보니
발밑은 천인단애千忍斷崖, 무한제無限際로
뚝 떨어진 황천 계곡黃泉溪谷.....

직유와 은유의 즉흥적인 산경 묘사가
'산정무한'을 읽을 적마다 이들 대목에서는
내 마음도 확확 거린다.

산은 봄, 여름, 가을, 겨울, 어느 계절에도
산정山情을 뿜어낸다.

봄은 새 생명 들의 발랄한 활력이,
여름에는 성장의 넉넉함이,
가을에는 형형색색의 산세가,
겨울에는 차분한 침묵을 펼친다.

어느 계절에 산을 가도 그 품안에 안기면
마음은 언제고 넉넉하고 편안하다.

그래서 나는 산바람이 난다.

* 산은 산이라서 좋다

산에는 느낄 수 있는
모든 것이 그 안에 있다.

숲, 나무, 꽃, 바위, 계곡
하늘, 바람, 구름, 안개

이 모두가
조화와 침묵으로 장을 연다.
그저 나눔과 어울림이
참 순수하다.

산을 만나면 자연과 삶의 향기가 어우러져
영혼이 꿈틀거린다.
그래서 나는 언제나 산이 그립다.

산은 살아 숨 쉬는 거대한 광장이다.
아무것도 감추는 것이 없다.

그저 느낌으로 가득 찬 아름다운 공간이다.
가만히 귀 기울이면 때 묻지 않은 음향이 들린다.
때로는 저마다의 속삭임,
때로는 어울림과 화목,
느긋함과 편안함이 온몸을 휘감는다.
그래서 나는 종종 산을 찾는다.

산에는 모두가 싱싱하다.
산을 가면 저절로 오관이 열린다.
훌훌 털어 버리고
넓은 고요 속에
사르르 잠겨들기도 한다.
무진장한 신비의 찰나에서
나는 나의 정체성과 만난다.

삶의 만족은 스스로 찾아서
아름다운 결과를 얻었을 때 얻어진다.
그때마다 가슴에 안겨오는 생동감은
항상 뿌듯하다.

'삶의 권태가 나를 찾아오기 전에
먼저 권태로부터 멀어져야 한다'는 생각이
내가 산을 찾는 이유다.

산을 가면 온 천지가
오묘하고
감미롭고
신비롭다.

때로는 떨림으로
때로는 놀람으로
때로는 감탄으로
때로는 긴장감으로

산경이 소복이 안겨 오면
그 안에 내가 머물고
그 풍경에 그냥 녹아든다.

아 !
이, 편안함
이, 감미로움
이, 포근함
이, 여유로움
이 모두에
나는 빠져든다.

* 홀로 산행

혼자 산행은 자유로워서 좋다.
여유가 있어 즐겁다.

오래 살다보면
처해진 여건과 환경에 따라
별의별 문제가 생긴다.

살기 위해
이루기 위해
성공하기 위해

밤낮 가리지 않고
정력을 다 쏟고
남은 것은
나이 먹어 노쇠하고,
건강 잃어 병들고,
세속에 찌던 심신은

갖은 허욕에서 벗어나지 못한 체
몸은 망가지고
겉만 멀쩡하다.

그러면서도
세상 근심은 혼자서 다 떠맡은 양
불평불만이 이만저만 아니다.

드물긴 해도
당당한 삶을 살아
만인의 부러움을 사는 사람도 있긴 해도
거개가 만년에는
쓸쓸함과 서글픔을 견디지 못해
우울증에 시달린다고 한다.

이제는 세상에 찌던 때 벗겨내고,
과분한 욕심 버리고,
묶은 원심 지우고,
나만의 이기심 묻어버려야지.

건강한 삶의 묵상과 수행은
누구의 간섭이나 방해를 받지 않는
혼자 산행이

가장 좋은 방도임을 체득했다.
전국 어느 산이던
그때마다 내가 선택한 산으로 떠난다.
혼자 산행을 하면 또 다른 세상이
나를 취하게 한다.

사면팔방을 휘돌아볼 수 있는 여유,
빠름보다 느림이 한결 편한 넉넉함,
작은 미물에도 느낌이 쏠리는 진지함,
기다림과 그리움이 소용없는 무아지경,
아쉬움과 서운함이 찾아오지 않는 넉넉함,
풀 한 포기, 꽃 한 송이, 나무 한 그루에서도
자연의 신비가 가슴을 채우는 떨림,
외면의 나와 내면의 나를 만나는 정체성의 순간,
나만의 시간과 공간을 마음껏 즐기는 자유,
순수한 자연의 소리와 냄새를
온몸으로 느끼는 기쁨,
내 취향을 내 맘대로 할 수 있는 느긋함,
지난 세월에 인연을 회상하는 즐거움

나는 이런 면면을 만나러
혼자 산행을 한다.

* 산길 인생길

산에 오름과 내림이 있듯이
삶도 행복과 불행이 교차한다.

산에 가면 산길 따라 산을 오르고 내린다.
길이 끊기거나, 길이 없으면 당황한다.
꼭 가야만 하는 산행이면
길을 만들면서 가야 한다.
여간 힘 던 일이 아니다.

세상사도 마찬가지다.
사람들은 이미 만들어진 것에 익숙해져
그저 따르기만 한다.
온갖 물건들,
사회제도가 그렇다.

사용해 보지 않은 물건,
새로운 사회제도에는 익숙해지기까지

불편이 이만저만 아니다.

세상을 사는 것도 그렇다.
의식주, 가정교육, 학교교육, 사회교육, 직장 모두가
제도화되어 있다.
많은 사람들이 그 과정을 거쳤고,
그렇게 사는 것이 보편화되어
큰 불편 없이 살고 있다.

그러나 그 과정을 벗어나
세속적 전통이나 상식에 반발하여
자기 개성을 내세워
새로운 삶을 개척해 나가는 것은
무척 힘들고 난감할 경우가 많다.

산을 가면
살아온, 살아갈 세상이 보인다.

선행자들이 지나간 길을 따라갈 것인지
내가 만들어 갈 것인지는 자기 마음이다.

산길을 가보면
편한 길과 힘 던 길도

오르막과 내리막도
돌길과 바위 길도
급경사와 위험한 길도 있다.

숲길과 맨 길도
넝쿨 길과 가시밭길도 .
진흙길과 맨땅 길도 있다.

비를 만나기도, 강한 바람을 맞기도 한다.
사정에 따라 밤길을 걷기도 한다.
야생동물과 파충류에 공포감을 느끼기도 한다.

산행 목표가 정해지면
불편하다고, 힘들다고, 위험하다고 마다할 수 없다.
산길은 전부가 다 힘들거나,
편한 길만은 없다.

그래서 산행은 묘미가 있고 즐겁다.
땀 흘리고 힘겨워도 정상에 서면 모든 시련이
일시에 녹아 버린다.
산행 중에도 주변의 천태만상과 변화가
힘 던 산행을 격려한다.

우리네 삶도 그러하다.
살면서 어렵고 힘 던 경우가 수도 없이 많다.
그렇다고 중도에서 삶을 중지할 수는 없다.
설사 고난이 있어도 헤쳐 나가야 한다.

살다 보면 기쁜 일과 좋은 일도 만난다.
목표한 삶이 성공하면 만족과 행복이 뒤따른다.

가보지 않은 산길이 어떤 상태의 길인지 모르듯이
살아보지 않은 인생길도 알 수가 없다.
모르지만 가야 할 길을 갈 뿐이다.

인생길은 가다 중지하면 죽음을 의미한다.
죽지 않는 한 자기가 가는 길이
어떤 길이든 가야 한다.

산을 알면 살기가 훨씬 수월하다.
산을 다녀 보면
여러 유형의 산길을 걷게도 되고,
산의 넉넉함과 여유를 만나기도 한다.
그러면서 자기 자신을 들쳐본다.

'산길과 인생길은 같은 것'

* 바위산이 나를 홀린다

'범바위 올라타고 사방 굽어보니
흰 구름 하늘 유유히 흐르고
휘감은 산자락 끝 간 데 없구나.'

산속을 힘들게 오르고 내리면서
스스로 서투른 시인이 되어본다.
순수하고 소박한 감동의 발상이다.

바위가 있는 산은 항상 나를 유혹한다.
굳어진 온갖 모양들은 내 혼을 빼놓는다.
일상이 미지근할 때
바위가 푸짐한 산을 떠올리면
갑자기 온몸에 생기가 돈다.

산행을 하면서 별별 형태의 바위들을 볼 적마다
어떤 조각가도 흉내 낼 수 없는 천연 예술품이다.

산을 가보면
신선들이 놀았다는 신선봉
복을 비는 복 바위,
소원을 비는 소원바위
잡귀를 몰아내는 무당바위
더러는 거북과 용 바위
곰 바위
자식을 점지해 달라고 치성을 올리는 성기 바위
산인데 물개바위도 있다.

모두가 살아 숨 쉬는 느낌이다.
자연의 품속이
생명력을 담고 있다.

유치환 시인의 '바위'는 언제 읽어도 감동이다.

'내 죽으면 한 개 바위가 되리라.
아예 애련愛憐에 물들지 않고 / 희로喜怒에 움직이지 않고 / 비와 바람에 깎이는 대로 / 억 년 비정非情의 함묵緘默에 / 안으로 안으로만 채찍질하여 / 드디어 생명도 망각하고 / 흐르는 구름 / 머언 원뢰遠雷 / 꿈 꾸어도 노래하지 않고 / 두 쪽으로 깨뜨려져도 / 소리하지 않는 바위가 되리라.

* 기암괴석 천국 도봉이로다

서울 둘레 산에 북한산과 연이은 도봉산이
바위천국이다.
옛사람은 도봉산이라 부르지 않고
'도봉'道峯이라 했다.
절묘한 모양으로 빚어진 바위 봉들을 보고
감히 산이라 부르기는 너무 황공했을 듯싶다.
그만큼 도봉산은
우람한 바위들이 온 산을 뒤덮고 있다.

도봉산 능선에는
스무 개도 넘는 크고 작은 바위 봉들이
저마다 절묘한 모습을 드러내고
정기를 뿜어내고 있다.

산 아래 사방에서 도봉산을 올려다보고만 있어도
그 의젓하고 당당한 기운에 눌려
온몸은 긴장이 된다.

산을 오르지 않고 보는 것만으로도
신선도
시인도
소리꾼도 된다.

언제, 누가 무슨 연유로
봉 이름을 주었는지는 알 수 없지만
섬뜩하고 짜릿하다.

상서로움이 서린다는 자운봉을 제일봉으로 하여,
기가 하늘 높이 뻗은 만장봉,
사방 경관이 빼어나 신선들이 노닐었다는
신선봉과 선인봉,
거대한 톱날같이 날카롭고 들쭉날쭉한
포대능선과 칼바위봉,
다섯 형제가 나란히 선 듯 바위 봉이 연이은 오봉,
여성의 은밀한 부위를 연상케 하는 여성봉이
도봉산을 감싸고 있어

가히 바위로 빚어진 천하 명산이다.

* 두 개의 미완성 곡

나는 음악가가 아니다.
그런데도 두 개의 미완성곡을 가지고 있다.

미완성곡은 으레 슈베르트를 연상한다.
당시 교향곡은 관습상 4악장으로 구성되어 있는데
2악장으로 된 상태에서 슈베르트는
31세에 생을 마감한다.

형식상으로는 미완성이지만
내용면에서는 4악장에 못지않게 훌륭해
미완성곡未完成曲으로도 낭만적 정취가 풍겨
지금도 많은 사람들의 사랑을 받고 있다.

내가 지닌 미완성곡은 음악이 아니다.
하나는 '한반도 걷기 5000리 미완성 곡哭'이고,
또 하나는 '백두대간 종주 산행 미완성 곡哭'이다.
이 두 곡은 나에게 아쉬움이 안겨 있는

울부짖음이다.

남북 교류가 한창이던 그 시절,
통일의 열망을 가슴에 안고
한반도 남북한을 걷기로 작정하고
남녘 2500리를 걸었다.

북녘땅 2500리를 이어서 걸으려고 했지만
남북한 자유 왕래가 허용되지 않아
통일전망대에서
눈앞에 펼쳐진 북녘땅을 바라보며
통한의 메시지를 토했다.

'조국의 산하여 말해다오.
통일의 그날은 언제인가.
한반도를 마음껏 걸을 수 있는
그 날은 언제쯤인가.
나는 걷고 싶다.
내 조국, 우리 강산을 가지 못해
통곡하는 메아리가 들리는가.'

국토종주를 하면서,
마지막 날 두만강에 뿌리려고

출발지인 해남 땅끝 바다에서 담아 둔 물이
지금도 병에 갇힌 체
하염없이 그 날을 기다리고 있다.

미완성곡의 또 하나는 백두대간 완주의 꿈이다.
한반도의 등줄인 백두대간은
민족의 얼이 서린 백두산 천지에서 정기가 뻗어 내려
지리산 천왕봉까지 장장 1630킬로미터 이다.

산 사랑에 빠진 나는 장대한 능선 따라 백두대간을
꼭 한번 완주할 꿈을 꾸고 있다.

한반도의 산천은
계절 따라 아름다움의 절묘한 광장이다.
쭉 뻗기도 하고 휘어 구부러진 능선은
가히 절경이다.

백두대간 종주 산행은
휴전선 철책이 가로막혀
남녘 구간만 산행을 하고는
백두대간 종주의 갈증을 달래야한다.

언젠가 남북 왕래가 자유로워지면

나의 두 미완성곡은
당장에 완성곡으로 이어 지리라.

한반도 분단은 우리 민족 모두의 아픔이다.
언젠가는 통일의 감격이
우리 모두의 가슴을 활짝 열어줄 것이다.

나는 그때까지 기다려야 한다.
어쩌면 슈베르트 미완성곡의 운명이
될지도 모른다는 생각이 들 때면
가슴이 답답하기만 하다.

살아생전에 미완성곡未完成哭이 아니라
완성곡完成曲을 음미할 그 날을 애타게 기다리면서,
하루하루를 열심히 사는 나를 사랑한다.

가끔 슈베르트의 '미완성' 교향곡을 들으면서,
내 가슴에 담아 둔 두 미완성곡이
장중한 완성곡으로 이어 줄
그 날의 감동을 애타게 그려본다.

* 우정 애별哀別

2018년 11월 4일 새벽 5시,
자명 라디오가 잠을 깨웠다.

신00 대배우가 타계했다는
첫 뉴스에 화들짝 놀라 가슴이 짓눌렸다.

그와 나는 진한 인연이 쌓여 있는 절친한 사이다.
언제 만나도 그저 반갑기만 하고,
소소한 일상이야기에 오순도순 편했다.

지지난달 전남 화순 요양병원에서 근황 사진이랑,
자기가 그 요양병원 명예원장이라고
명함도 e-mail로 전송해 왔는데!
그날 통화에서 '이곳 한 번 다녀가라'고,
부근에 맛 집도 있고, 전라도 음식 끝내준다고!

'내 곧 가마, 하루속히 완쾌되기를 간절히 기도한다' 했는데,

이 무슨 날벼락이란 말인가!

잠자는 마누라를 깨워 알리려 하다 놀라운 소식에
까무러칠 까 봐 아침밥 준비하느라 부엌에 있을 때
'놀라지 마' '신00'이 저세상으로 갔데'
'아니, 뭐라고요, 나 좀!' 하고 비틀했다.

'배우 이전에 남편이 무척 좋아한 남자,
가끔 우리 부부와 함께했던 시원시원한 남자,
참 부담 없는 편안한 사이였는데.....'

우리가 40대 때 우연한 인연으로 알게 되어
어언 40년 넘게 세월이 흐르면서,
온갖 사연이 포도송이처럼 줄줄이 매달렸는데
'사는 동안 즐겁게, 재미있게 살기요' 하던 때가
엊그제 같은데, 그런 당신이 죽음으로 오다니,
이 어인 비보悲報요!

지난 세월에 우정이 한꺼번에 쏟아지면서,
당신 영전에서 '친구' 노래를 불러주고 싶었지만,
바늘처럼 꼭꼭 찌르는 마음을 추스르고
'저승에서 편히 쉬라'고 영정에 손을 흔들었소.

우리는 가끔 남자들 기력 도운다는 별난 음식을 앞에 놓고,
마주보며 씩 웃던 때도,
때로는 한적한 한강변 산책길을 걷기도,
인정이 묻어나는 골목길을 걸어 면서
지난 세월의 이런저런 이야기에 박장대소도 했었지!

언젠가 그가 한 말이 귓전에 생생했다.
'남들이 만들어준 각본에 평생을 살다 얻어진
명성, 명예, 부귀영화, 지나고 보니
다 부질없는 허상이었어.'

한국 연예계의 큰 별 신00의 본명은 '강00' 이고.
나는 그를 '강 회장'이라 불렀다.

한때 그는 정계에 입문하여 본명이 낯설어 친숙한 예명藝名
으로 개명하여 당선된 적도 있었지.

'친구야!
누구나 주어진 역할에 충실하다 떠나는 이 세상!
조금 먼저 갈 뿐이다.

별의별 인생살이 훌훌 털고 저세상에서 다시 만나요!

* 등산화 고별 송頌

살면서 고마움은 사람에게만 있는 것이 아니다
나를 편하게 해준 등산화에게
감사한 감정을 지울 수가 없어
여기 애틋한 마음을 담는다.

2010년 10월 20일 오후 2시 20분
너들 둘을 산 속 양지바른 곳에 편히 쉬라고 묻었지.
'잠발란' 너는 십 년 전에
남대문 등산용품점에서 만났었고,
'아쿠' 너는 칠 년 전 종로 5가 등산구점에서
나를 따라 왔었다.

우리는 그렇게 연분이 닿아
산 갈 때마다 너들은 말없이 따라 나섰지.
발밑에 깔려 눌리고 다지면서도,
뭇 산을, 온갖 길을 다 밟았는데도,
너들은 묵묵히 참아냈다.

간혹 너들을 신고 벗으면서,
떠날 때는 '오늘 잘 부탁한다'
끝나면, '수고했어'
'무사히 산행을 잘하게 해주어 고마워'
말해도 그저 담담했다.

우리는 추억도 많았다.
아프리카 킬리만자로를 두 번씩이나,
파키스탄 발토로 빙하계곡을 가면서
남가파르바트, 가셔브룸 Ⅰ.Ⅱ, 브로드피크, K2봉을,
그리고 네팔 에베레스트, 초오유, 로체, 안나푸르나, 다울라기리,
히말라야산맥 8,000미터 이상 14개봉에서
열 개를 보는 행운을 함께 하고,
얼마나 감동을 했는지
지금 생각해도 가슴이 뛴다.
알프스산맥의 보석인 몽블랑
일주 트레킹 때도 우리는 다정하게 걸었었지.
아, 남미대륙 잉카문명 답사 때도
신나게 누비고 다녔다.

동일 열망을 가슴에 담고,
아름다운 금수강산 한반도 5000리를 걸을 때도

너들은 나를 격려했었지.
최근 '낙남정맥' 단독 종주를 끝내고
너들과 이제는 이별을 해야겠다고 마음먹었을 때,
너들과 함께 한 추억들이 주마등 같이 스쳤다.

그렇게 정이 던 너들과 막상 이별하려니
마음이 편치 않는구나.
하지만 어쩌겠나.
사람이나 물건이나 낡고 노화되면
이승을 떠나는 것이 순리라,
나보다 너들이 먼저 갈 뿐이다.

하직하는 너들에게 내가 해 줄 수 있는 것은
아름다운 이별을 하는 것이라 생각을 하고,
산과 더불어 맺은 우리의 인연을
산으로 돌려주도록 마음을 정하고 나니
참 잘했다고 여겨지는 구나.

나를 만나 닳고 낡은 너들을 꺼내 놓고,
먼지를 털고, 신발 끈을 잘 정돈하고,
우리와 함께 한 배낭에 넣어 메고,
너들에게 뿌려 줄 정종 한 병을
준비하는 것으로 마음을 다잡았다.

너들이 안식할 장소를 청계산(서울) 이수봉 가는
길목에 정한 것은
일주일에 한 번씩 우정 산행을 하는 길목이어서
이다음 너들을 지나칠 때마다
안부를 전할 수 있어서다.

마침 동행자 중에 지기地氣를 보는 분이 있어
위치가 좋다고 하고,
흙도 황토 땅 이어서 무척 기분이 홀가분하다.

비록 너들은 감정이 없는 미물이지만
함께 한 추억이 남아있는 한
내 마음은 늘 함께할 것이다.
새 등산화를 만나면 너들과 어울렸던 이야기를
나누면서 소식을 전하마.

'참 고마웠어,'
'편히 쉬어라.'

-2부 :

추억 담긴
산사랑

산행은 언제나
도전과 열정
그리고 감동의
장이었다

* 꿈이 있다는 것은 축복이다.
살면서 많이도 다녔다.

무모했지만 행복했다.

삶의 열정과 도전에서
얻어진 감동
차곡차곡 쌓인 추억

세월이 지나면서
가닥마다
만감에 휩싸인다.

* 무모함의 극치

무모함은 무리가 따른다.
지혜로운 판단이면 무리는 무모함을 떠난다.

분명히 나는 강인한 체질이 아니다.
그런데도 무리를 한다.
무모함의 극치다.

나에게는 '역마살'이 있다.
한곳에 머물기보다
사방팔방으로 돌아다니면
심신이 활기를 띈다.
즐겁다.
영원한 방랑자인지도 모르겠다.
언제나 낯선 곳이 나를 유혹한다.
모험이 약간 따르면 더욱 관심을 갖는다.
이런 나에게 산은 석숭이다.
소년 시절부터 객지를 돌았으니

환경적 유전인자가
나를 한곳에 가만히 두지 않았는지도 모를 일이다.

일이 없으면 만들어서라도
해야 직성이 풀린다.
하루의 생활도,
일 년의 생활도
구상을 하고 계획을 짠다.
내가 원해서 좋아서 하는 일은
지치지를 않는다.
놀라울 정도로 끈기가 있다.
어쩌면 이것이 내 삶의 방식인지도 모른다.

'해 보자. 안되어도 해 보자.
될 때까지 해 보자'가 내 삶의 자세다.

직장에 있을 때는
조직의 틀에 끼어 옴짝달싹 못했다.
자유의 몸이 되고서부터
갇힌 우리에서 뛰쳐나온 호랑이처럼
사방으로 튀기 시작했다.
억눌렸던 내공이 활화산같이 폭발했다.
육체적인 한계가 올 때까지

대자연 속에서
끝없이 자유롭고
한껏 방랑하고 싶었다.

세상에 쉬운 것은 없다.
확실한 것도 없다.
일단은 부딪치고 헤쳐 나가야 한다.
강한 신념은 태산도 오를 수 있다.

내 삶의 무모한 흔적들이다.
도전과 열정이라는 끈기가 버텨주었다.

<국내>

· 1988년 : 낙동강 1,300리(525.15km) 수상종주탐사
· 1999년 : 북한강(평화의 댐-서울 행주대교) 수상종주
· 2005년 : 한반도 5000리 남한(땅끝마을-통일전망대)구간 걷기
· 2009년 : 제주도 해안도로 자전거 일주
· 2010년 : 낙남정맥(지리산 천왕봉에서 부산 낙동강 하구 까지) 종주산행
· 2013년 : 전국 6대강 따라 자전거 길 라이딩
· 2014년 : 한북정맥 종주산행
· 2015년 : 한강기맥 종주산행

· 2016년 : 천마지맥. 검단지맥 종주산행
· 2019년 : 낙동정맥 끝자락 산행

〈해외〉

· 2000년 : 네팔 안나프루나 다울라길리 트레킹
· 2001년 : 몽고 고비사막 트레킹
· 2002년 : 아프리카 킬리만자로 마랑구 루트 트레킹
· 2003년 : 네팔 에베레스트 칼라파타할 루트 트레킹
· 2004년 : 아프리카 킬리만자로 마차메 루트 트레킹
· 2005년 : 파키스탄 카라코람산맥 k2 봉 베이스 캠프 루트 트레킹
· 2007년 : 중국 사천성 다구냥 산 트레킹
· 2008년 : 뚜르 드 몽블랑(몽블랑 일주 -프랑스. 이탈리아. 스위스) 트레킹
· 2010년 : 네팔 안나프루나(Ⅰ) 베이스 캠프 트레킹
· 2010년 : 파타고니아 빙하 트레킹

* 낙동강 1300리 수상 탐사

1950년대 초반 우리에게 친근감을 준
노래가 있었다.
이은상 작사, 윤이상 작곡인 '낙동강'

'보아라 신라 가야 빛나는 역사 / 흐른 듯 잠겨있는 기나긴 강물 / 잊지 마라 예서자란 사나이들아 / 이 강물 네 혈관에 피가 된 줄을 / 오! 낙동강, 오! 낙동강 / 끊임없이 흐르는 전통의 낙동강

그 당시 나에게도 무척 친근한 곡이었다.
생활 여건상 많이도 지나다니면서
낙동강에 대한 동경이
마음속 깊이 잠재되어 있었다.

그러던 어느 날 나는 뗏목으로
낙동강을 탐사하고 싶은 충동이 강렬했다.

그 강에 대한 지리정보를 탐색 중
안동댐이 시공 중에 있어
뗏목탐사는 어렵다는 판단을 내리고
단념을 했지만 살면서 늘 아쉬웠다.

그러던 차
공직을 떠나면서 새로운 삶의 열정을 지피기 위해
젊은 시절의 꿈이기도 했던 낙동강 탐사 도전에
시동을 걸었다.
지금까지 누구도 시도해 보지 않았던 터라
새로운 삶의 전율이 느껴졌다.

참고할만한 자료가 없어
충분한 준비도 못한 체
열악한 지세와 장비로 애로가 많았지만
끝까지 최선을 다해
종주 탐사 성공으로 감격이었다.
안전에 대한 불안과 인내와의 싸움이었다.

하루 10시간 좁은 보트 공간에서
그저 목표 지점까지
무사히 도착해야 한다는 일념뿐이었다.

태백 황지에서 발원 되어,
부산 을숙도 남해안 까지
장장 525.15km는 발원지 시냇물이 개울물로
점점 수량이 불어 중간 중간 큰 하천물을 만나면서
강의 모습으로 낙동강이 된 현장을
두루 살필 수 있어 가슴이 벅찼다.

지나치는 곳곳마다 강과 더불어
어울려진 산천의 경관은
자연의 신비를 낱낱이 그대로 보여주어
'낙동강' 노래가 저절로 흥얼거려 졌다.

그 강을 보트로 험난한 물길을 탐사한 인내와 용기는
'목표에 도전하는 만년의 삶이 아름답다'는
삶의 보람을 안겨주었다.

* 북한강 수상 종주 아찔!
- 평화의 댐에서 행주대교까지 -

1900년대가 끝나고
2000년대가 시작될 1999년 년 말경에
온 세계는 한 세기를 보내고,
새로운 한 세기가 온다는 희망에
연일 매스컴이 요란했다.

각종 사회적, 문화적 이벤트도 많았다.
소란스러운 분위기에 덩달아 들떠 있다가
나도 개인적 이벤트로
북한강 수상 종주를 하기로 했다.

북한강은 6개의 댐(평화의 댐. 화천댐. 춘천댐. 의암댐. 청평댐. 팔당댐)이 있어 강 전체가 수량이 풍부해
보트 탐사가 가능했다.

두 가지 애로 상황이 예상되었다.

댐을 건너는 것과
겨울철이라 강이 언 경우였다.
댐은 접근금지 구역에서 뭍으로 옮겨
댐 아래서 다시 계속,
강이 언 것은 현장에 부딪치면서
상황 따라 해결하기로 하고
일단은 출발했다.

고무보트에 모터 엔진을 설치,
장비는 1톤 트럭으로 평화의 댐까지 운반했다.
일행은 넷으로 한 명은
자동차로 도로를 통해 보트를 추적하고,
셋이 소형 보트를 운용했다.

1999년 12월 31일 오전 8시
평화의 댐 아래서 출발했다.
종주탐사 축하라도 해주는 듯 눈까지 내렸다.
가림막 없는 보트 위에서 눈을 맞으니
주변 산세와 강이 어우러져 한 폭의 그림이었다.
파로호에 접어 덜 때까지 눈이 내렸다.

화천댐. 춘천댐. 의암댐을 무사히 잘 넘겼다.
댐을 끼고 길이 잘 만들어 져 있어서

장비 운반에는 큰 불편이 없었다.
남이섬을 지나면서 보트 밑바닥에 구멍이 뚫려
공기가 빠지는 황당한 경우를 당했다.
구명대를 하고 있었지만 난감했다.
겨우겨우 강가로 붙여 위기를 모면했다.
지원한 자동차로 보트를 싣고,
가평 시내로 수리점을 찾아 보수를 하고,
마침 날도 저물어 가평읍내에서 여장을 풀었다.

다음날 2000년 첫날을 가평에서 맞았다.
아침 일찍 어제 펑크 난 그 지점에 보트를 띄워
청평댐을 넘고 양수리 남한강 물줄기와 만나는
두물머리에 도착했다.

강물 위에서 보니 강폭이 여간 넓지가 않았다.
강이라 파도가 없었지만
더 넓은 강 위가 약간 불안했다.
두물머리 남한강 쪽에 강물이 얼었지만
북한강 쪽은 흐름이 샌 탓인지 물길이 뚫려 있었다.

서울이 가까워지니 마음도 한결 여유가 생겼다.
기온이 영하 7도에다 바람을 맞받아 가니
체감온도는 영하 10도를 넘었다.

그런데다 물살이 튀어 온 몸은
얼음으로 치장을 했다.
팔당호 강가에 다산문화유적지가 보여
보트를 강가에 멈추고 상륙했다.
겨울철이라 방문객도 뜸했다.
전신은 강물이 튀어 얼음범벅으로
덜덜 떨었다.

팔당댐을 건너자 어둠이 깔리기 시작했다.
오늘은 2000년 첫날이라
이날 마무리를 하는 것이 의미가 있어
무리해서라도 야간 운행을 하기로 했다.
다행이 천호동부터는 강 양쪽 도로에 가로등이 있어
강 위에서 방향 잡기에 큰 도움이 되었다.

천신만고 끝에 밤 열 시가 가까워서야
목적지인 행주대교 부근에 도착했다.
강가로 보트를 붙이는데
생각지도 않은 낭패가 생겼다.
강가로 철조망이 쳐져 있는 것이다.
어둔 밤에 강 아래위를 훑었지만
마땅히 나갈 곳이 없었다.
보트 연료도 바닥이 났다.

겨우 강가 풀숲을 찾아
신발을 물에 담그고 보트를 끌어올리는데
느닷없이 "손들어" 하면서
총을 가슴팍에 들이대는 것이다.
깜짝 놀라 자세히 살펴보니
근무 중인 군인이었다.

순찰 중 보트를 발견하고 행동이 수상쩍어
분명 간첩으로 판단하고
초긴장 속에서, 사격도 가능했지만
생포로 공적을 세우려고 했단다.
'맙소사' 천지신명이 목숨을 구해주었다.

그 주변이 군사보호지역이라는 걸
전연 몰랐던 탓이었지만
생사가 순간으로 판가름 났다.
마침 준비했던 '북한강에서 행주대교까지 수상종주'
플래카드와 신분증을 보여주고 위기를 모면했다.

1900년대 마지막 날 눈 축복에서 출발하여
2000년 첫날에 간첩용의로
북한강 수상 종주를 끝내고,
자정이 넘어 청진동 해장국집을 찾아

뜨끈한 국물에
만감을 녹였다.

강물 위에서 한 세기를 보내고 또 한 세기를 맞이한 소회가 감동이었다.

* 한반도 걷기 5000리
미완성 곡哭

한반도 5000리 걷기를 구상한 것은 2년 전 일이다.

가끔 우리 역사에 관한 문헌을 들추어보면
우리 민족은 단군 이래 지금에 이르기까지
한반도를 터전으로 하여
흥망성쇠를 거듭하면서
찬란한 문화와 문명을 일구어 왔다.

고조선, 발해, 고구려. 신라, 백제, 고려,
조선 시대를 거쳐
대한민국으로 이어지면서 한반도는 그 시대 사람들의 삶의 현장이었다.

역사와 삶은 늘 하나이다.
의식주와 뿌리도 하나인데
우리는 아직도 분단의 아픔을 간직한 채 살고 있다.

이념과 체제의 대립으로
철조망과 총구가 자유 왕래를 차단하고 있는 것이
지금의 현실이다.

통일은 우리 모두의 희망이고 열망이다.
한반도 남쪽 끝인
전라남도 해남군 송지면 송호리 땅끝(기념탑)에서
북쪽 끝인
함경북도 온성군 남양면 풍서리(두만강변)까지
걷기로 했다.

지금은 북한 땅을 갈 수 없어
남한 땅을 먼저 걷기로 하고,
북한 땅은 남북한 자유 왕래가 가능할 때
걷기로 했다.

한반도의 품속을 걸어 면서 산천의 현장을
확인하고 싶었다.

'자연에 심취하는 만년의 인생이 아름답다'는
평소 생각과
생이 다하기 전에
통일된 내 땅에서 마음껏 활보하고 싶다는

열망이 '한반도 걷기 5000리'를 도전하게 했다.
한반도 척추격인 백두대간을
넘나들면서 걷기로 했다.

'한반도 통일 열망'에 의미를 두고
일제 강점기 때
전국 방방곡곡에서 독립 만세를 외쳤던
'3월 1일'에 출발하고,
걷기 마지막 날은 어느 해가 될지 모르지만
온 겨레가 해방의 감격을 외쳤던
8월 15일로 정했다.

삶의 목표를 정하고
꿈이 아닌 행동으로 이루어 갈 때
감회는 남다르다.
비록 힘들고 무리한 계획이지만
'누구나 할 수 있다. 그러나 아무나 할 수 없다'는
메시지를 가슴에 새겼다.
2005년 3월 1일 한반도 해남 땅끝에서 출발하여
백두대간에 근접한 길 따라
하루도 쉬지 않고 30일 만에
통일전망대에 도착했다(총거리 약 1,000km).
살면서 한 번은 큰 감동을 받는

삶이 있었으면 하는 생각이 큰일을 해냈다.
걷는 동안 살아오면서 만났던 많은 사람들이
용기와 힘을 싫어주었다.
국토를 종주하는 동안
한반도금수강산의 생생한 현장의 모습을 보는 감탄과
즐거움은 영영 잊지 못할 것이다.

삶에 목표를 정하고
해내고야 말겠다는 강한 집념과 행동이
나 스스로도 기적이라고 할 만큼
해내고야 만 것이다.

어떤 삶도 특정인에게 특혜를 주지는 않는다.
주어진 여건을 자기스스로가
원하는 대로 끌고 나가야만
결과를 얻을 수 있다.
삶의 목표를 이루어 가는 과정에는
실패도 있을 수 있다.
그러나 실패를 두려워해
시작조차 하지 않는다면
아무것도 얻을 수 없다.
한반도 걷기에
'깨어 있는 삶을 위한 심신 단련'이라는

화두를 걸었었다.
지나온 세월을 되새겨 보고,
지금의 나를 비추어 보고,
살아갈 세월을 그려보는
나만의 시간을 갖는 의미가 쏠쏠했다.

우리 모두의 숙원인 한반도 통일이
언제쯤 되려는지 알 수 없지만,
그 때가 몹시 기다려진다.

한반도걷기 5000리를 마무리해야 하니까....
'내 생애에 꼭 이루어 졌으면'

절절한 염원이다.

* 제주도 자전거 일주

제주의 천혜자연과 토속문화를 체험하기로 하고
3박4일〈2009. 11. 29(일) - 12. 2(수)〉간 일정을 잡고
제주도 일주 자전거 여행을 하기로 했다.

2009년 11월 29일 자전거를 비행기에 싣고
김포공항에서 '제주항공'으로 이동했다.

용두암에서 애월, 한림, 한경, 고산, 대정, 송악산, 산방산,
중문, 서귀포, 남원, 표선, 성산, 일출봉, 세화, 구좌, 금녕,
함덕, 조천, 용두암으로 한라산을 중심에 두고 해안도로를
일주하는(234km) 여정이었다.

출발 페달을 밟으니 뿌듯함이
상쾌한 바다바람과 함께 속이 후련했다.
한 해가 다하는 삶의 이벤트가 즐거웠다.
해안도로 우측으로는 탁 트인 바다가
수평선을 물고 짙은 잉크 빛이 신비로웠고

좌측으로는 한라산이 제주도 중앙에 우뚝 솟아
제주도를 움켜쥐고 있는 형상으로
보기만 해도 든든했다.

이튿날 1132번 해안도로를 따라
대정읍 소재지를 거쳐 송악산으로 이어지는
완만한 능선을 넘어서니
바다가 확 열렸다.
능선 초지에는 말이 띄엄띄엄 풀을 뜯고,
좌측에 헬멧같이 생긴 산방산이 예사롭지 않았다.
우측으로는 송악산공원이고,
앞은 탁 트인 바다에 아물아물 형제바위가 멋졌다.

송악산에서 화순해수욕장까지 이어지는
해안선은 정말 아름다웠다.
잘 가꾸어진 전망대에서
사방으로 시야에 잡히는 멋진 풍경을
눈으로, 마음으로 담았다.

화순을 지나면서 밀감밭이 이어 졌다.
싱싱한 잎들과 뒤섞여
노란 밀감들이 탐스럽게 달려 있었다.

언덕배기에는 야생초 자주색 꽃이 탐스러웠고
겨울인데도 봄을 보는 듯했다.
제주는 계절을 잊게 하는 사연들이 많을 듯하다.
군데군데서 재주 올래 길과 마주쳤다.
바다와 맞붙은 담벼락 아래에
손바닥선인장 군락이 멋졌다.

다음날 이른 아침 남원읍에서
1132번 도로를 따라 섭지코지를 벗어나니
성산일출봉이 코앞이었다.
일출봉은 제주의 또 하나 상징이다.
일대가 해양공원으로 지정될 만큼
사람의 눈길을 끈다.
마치 울퉁불퉁한 수박을 물 위에 올려놓고
윗부분을 자른 듯한 형태다.
정상 분화구에는
천년의 자연이 그대로 담겨져 있어
볼수록 감탄이었다.

산하포구를 지나고 부터
지금까지 거쳐 온 해안과는
또 다른 생동감이 펼쳐졌다.
제주에서 자연이 가장 잘 보전되고 있는

지역이기도 했다.

우측으로 저 건너편 우도를 나란히 하면서
연안 바다 바닥의 하얀 모래와
연두색, 청색, 진초록의 바닷물 빛깔이 환상적이었다.
파도가 밀려들 때마다
하얀 물보라가
검은 바위에 부딪칠 때면
내 몸이 튕겨지는 듯했다.

성산에서 세화까지
10여 킬로미터 해안도로는
깔끔해서 자전거 타기에 좋은 길이었다.
인근에 높은 산도 없어
사방이 탁 트여
때 묻지 않은 돌, 바람, 바다에
내 육신을 헹구는 기분이었다.
띄엄띄엄 제주풍의 민가도 몇 서러웠다.

종달리 해안도로변에는
해녀박물관과 세화해녀장수촌이 있어
이곳이 해녀의 원조 고장인 듯싶었다.
이 지역에 특히 바람이 센 탓인지

거대한 풍력발전기가 하늘에 치솟아 있었다.
김녕 해안도로를 접어들면서
소규모의 항구가 자주 눈에 띄었다.

삼양해수욕장을 마지막으로
제주도 해변 해수욕장을 모두 본 셈이다.
제주시에서 연안을 따라
이호, 곽지, 협제, 하모, 화순, 중문, 표선, 하도, 김녕, 함덕,
삼양해수욕장 모두11개소다.
검은 용암에서 하얀 모래가 될 때까지
바닷물은 얼마나 많은 세월을 철썩이었을 가!

제주항 여객터미널을 지나
용두암에 도착해서
무사히 제주 일주 자전거 타기를 마무리 했다.

'용이 한라산의 옥구슬을 훔쳐 달아나다
한라산 산신령의 화살에 맞아
몸은 바닷물에 잠기고
머리 부분만 하늘을 향해 굳어졌다'는
전설을 간직한 용두암이다.

용두암, 한라산, 성산 일출봉, 만장굴은

자연이 빚어낸 제주의 자존심이고 상징이다.

평소 자전거 타기를 하지 않던 나로서는
이번 제주일주 자전거 타기는 한 편의 드라마였다.

도전하는 삶이 아름답다는 현장의 환상곡이었다.

* 낙남정맥 종주 감동
-고향 산에서 백두산 등정 환상-

지리산에서 산맥을 타고
낙동강 하구까지 걷기로 작심한 것은
그리 오래지 않았다.
고만고만한 일상에서
엉뚱한 탈출을 시도해 보기로 했다.

산이 좋아 가끔 산행을 하면
한반도 산세가 기기묘묘하여.
'아름다운 한반도 사랑'이란
강한 느낌이 가슴에 안겨왔다.

내가 낙남정맥 산행을 하기로 한 것은
태어나서 유년 시절을 보낸 고향 땅을
둘러친 능선이 지리산을 거쳐
백두산까지 연결된 사실에
무척 가슴이 설렜다.
고향 땅에서 산길을 따라

백두산까지도 갈 수 있다는
생각만으로도 온몸이 뜨거워졌다.

우선 백두대간의 종착지인 지리산에서 뻗어 내린
산줄기를 걷고 싶었다.

산은 혼자 걸어야만
산을 제대로 볼 수 있고,
참 맛을 느낄 수 있다 는
평소의 생각이 단독종주를 하게 했다.

일상에서 외도하여 나만의 멋진 삶을 찾아내고,
실천하는 것 자체가 활력소다.
더하여 삶의 동력이고
황혼 인생에 빛을 심어주는 보석이다.

한반도의 정기가 서려있는 지리산은
장엄하게 우뚝 솟아
세상의 어떤 것도 다 받아줄 것 같은
더 넓은 품을 간직한 명산이다.
길게 뻗은 산맥은 한국의 기상을 힘차게 밀고 나가는
장관을 연출하고 있었다.
이번 산행은 혼자 지리산에서 낙동강 하구까지

이어진 산줄기 350km(실제거리)를 18일 일정이다.
3월 초순인데도 고산에서는 추위가 가시지 않아
응달에는 눈이 쌓였고,
계곡에는 두꺼운 얼음이 그대로였다.

전연 생소한 먼 산길을 걸어야 하는
긴장감이 있었지만
마음은 들떠있었다.
'할 수 있다' '해내고야 말겠다' 는 다짐을
굳게 했다.

혼자서 긴 산행은 난생 처음이다.
산맥 산행 경험이 없어
예측할 수 없는 상황이 불안했다.

지리산 웅장함을 이제와 다시 보고
석간수 맑은 물 산 그림자 비쳤으니
여기가 무능도원인가
배낭 메고 혼자 앉아 먼 산 바라보니
그리던 님 오신들 반가움이 이러하랴
산도 물도 나도 얼싸둥둥 덩더꿍

나도 모르게 흥이 일었다.

용케도 산행을 무사히 끝냈다.

산은 나에게 온갖 비경과 아름다움을 안겨주었고,
지나온 내 삶의 응어리를 녹여도 주었다.

산은 나에게 일렀다.
교만하지도
비굴하지도
경거망동하지도 말고.
힘이 미치면 베풀고 도우며

분노를 삭이고
욕심을 버리고
여유를 가지고
유연하게 살란다.

원망도, 미움도 묻어버리고
세상과 사람들에게 사랑을 주고
사랑하면서 살란다.

산처럼 모두를 받아들이고
전부를 품으란다.

제발, 그렇게 살기로 몇 번이고 다짐을 해본다.

종주산행의 끝 산인 봉화산 능선에서
바라본 낙동강 하구는 감동 그 자체였다.
광활한 강 하구가 태평양 바다와 합류하는
그 곳에는 역동적인 파노라마가
장관을 연출하고 있었다.

산, 강, 바다, 하늘이 엮는
대 자연의 조화와 질서가
절묘하게 화합하면서
신비를 연출하고 있는 이 현장은
나에게 가장 멋진 감동이자 선물이었다.

* 전국 6대강 자전거길 완주

삶에 목표가 있으면
누구나 해낼 수 있다.

'일단, 부딪쳐라.
그래도 안 되면 후회는 없다.'
평소 내 삶의 신조다.

금수강산 대 자연의 신비는
언제나 신선하다.
'은륜에 비친 삶의 향기'를 따라
자전거로 남한 여섯 개 강의 물길을 따라
한반도 산천을 살펴보는 계획은
무덤덤한 일상에 활기를 안겨주었다.

6대 강은 한강(남한강 포함). 북한강. 낙동강. 금강. 영산강.
섬진강이다.
마침 이명박 정부에서

홍수방지와 수자원 확보를 위해
4대 강 개발을 하면서
강 따라 자전거 길을 만들어 둔 것이
나를 선뜻 나서게 했다.

한반도 남한 땅 6대 강은
우리 국토와 국민 생활을 풍성하게 하는
중요한 물 자원이다.

강원도 태백 금대봉(1408m) 아래 검용소에서 발원하여,
정선을 거쳐 영월에서 평창강을 만나고,
단양. 충주를 지나 여주에서 섬강 물을 받고,
양평에서 북한강과 합류 하여
서울을 거쳐, 김포에서 임진강을 만나
서해로 흘러드는 '**한강**'漢江

강원도 회양에서 발원하여
금강산 계곡물을 받아
휴전선을 거쳐 평화의 댐을 만나고,
양구, 화천을 지나, 춘천에서 소양강과 합류하고,
가평에서 평창강을 만나
양평 두물머리에서 남한강과 합류하는 '**북한강**'北漢江
강원도 태백 황지에서 발원하여

영강. 금호강. 황강. 남강. 밀양강 물을 받아 부산 남해로 흘러드는 '**낙동강**'洛東江

전라북도 장수 팔공산(1151m)동쪽 사면 계곡물을 받아 진안. 금산. 영동에서 초강을 만나고,
옥천. 대전. 청원. 연기. 세종. 공주. 부여. 익산을 거쳐 군산에서 황해로 흘러드는 '**금강**'錦江

전라남도 담양 용면 추월산(726m)동쪽, 강천산(583.7m) 서쪽 계곡물을 받아
나주. 호남평야를 거쳐 광주에서 황룡강을 만나고,
남평에서 지석강 물을 받아
목포 앞 황해로 흘러드는 '**영산강**'榮山江

전라북도 진안 백운 팔공산(1151m)서쪽 계곡물을 받아, 때 묻지 않은 산천을 끼고, 임실. 순창. 곡성을 돌아, 구례에서 보성강과 합류하여,
하동에서 지리산을 끼고 횡천강 물을 받아,
광양만 남해로 흘러드는 청정수 '**섬진강**'蟾津江

물은 생명의 젖줄이자
인간 생활의 절대 자원이다.
우리 땅에 6대 강은 굉장한 축복이다.

'한반도 사랑'을 마음에 담고 있는 나에게는
강 따라 자전거 길이 가슴 설레는 코스였다.

괴산. 문경 이화령고개도 자전거 길이 만들어져 한강과
낙동강을 만나게 해준다.
자전거로 강길 따라 국토종주(인천 아라운하에서 부산 을숙도까지
연결)가 가능해져 더욱 가슴을 설레게 했다.

1000여 킬로미터를 혼자서 부담스러웠지만
도전과 열정에 각오를 다졌다.

무사히 해내고는 '대견했다'고 자화자찬도 했다.
달리는 자전거가 주마간산走馬看山격이었지만
장면 장면은 감동이었다.

온 산야 수목들의 어울림,
푸르른 하늘과 스치는 바람,
풀 섶에 수줍게 핀 야생화,
구비 구비 유유히 흐르는 강물,
푸드득 하며 날갯짓하는 천둥오리,
강 따라 풍요로운 농촌의 들녘,
땀 흘리는 농부들의 일손,
구름 사이로 쏟아지는 햇살,

가깝게 멀게 펼쳐진 산등성이,
수십 년을 버티고 선 나무들의 향연은
순수 자연의 농염이 그냥 펼쳐져 있었다.

이때만은 이 모두가 소유가 아닌
느낌만의 내 것이었다.
'한반도 사랑'의 소중한 결실이었다.

누구에게도, 어떤 것에도 억매이지 않고
자유롭고 넉넉한 마음이
그렇게 편안하고 여유로울 수가 없었다.

* 한북정맥 종주 기행

'한반도 사랑'을 가슴에 담은 지도 꽤 오래다.
'세월 앞에 장사 없다'는 격언이 새록새록 했다.
한반도는 그 자리에 영원할 테지만,
한반도 사랑은 현장에 가서 보아야 한다는 강박감이
나를 부추겼다.

한북정맥을 종주하기로 했다.
한북정맥은 한반도 백두대간 분수령에서
산맥이 서쪽으로 갈라져
북한강과 임진강을 가르면서 흘러내린 산맥이다.

기어코 한북정맥 종주를 하고야 말았다.
꿈을 꾸고, 그 꿈을 이루어 가는 삶은
진정 아름답다는 현실을
산이라는 자연이 나에게 안겨주었다.
현재 한북정맥 산행은 아쉽게도
남북 분단으로 북한 땅 왕래가 차단되어

남한 구간에서만 할 수 있다.
종주는 사실상 완주가 아니고 토막 산행이라서
국토 분단의 통한은
한북정맥 산행에서도 느껴야 했다.

현재 자유롭게 산행을 할 수 있는 구간은
수피령(강원도 화천군 상서면 다목리)에서 부터다.

출발지의 '대성산전투기념비'는 호국의 결의를 다지게 하는 숙연한 암시를 담고 있었다.

한북정맥 남한 구간은
도봉산 우이암에서 우이령을 지나 북한산 상장봉에서
솔고개까지 북한산국립공원 구역으로 지정되어,
자연생태계 보존을 위해 산행이 금지되고 있었다.

전체구간을 16개로 나누어 진달래가 피는 3월에 시작하여
한여름을 지나 9월 초에 마무리를 했다.
수도 없는 산봉우리를 넘고 넘어
150여 킬로미터를 걸었다.

산맥이 비교적 우람하여 명산을 많이 품고 있었다.
사방이 툭 터여 전망이 좋은 **복주산**(1151.9m)

가을이면 오색 단풍이,
겨울이면 설경이 아름다운 **광덕산**(1046.3m)
아름다운 계곡으로 널리 알려진 **백운산**(903.1m)
'궁례'의 전설이 얽힌 **국망봉**(1167.2m)
8개의 암봉이 연달아 있어 개 어금니 같다는
개이빨산(1102m)
때 묻지 않은 계곡과 울창한 수림으로 어울린
청계산(849.1m)
성벽 같은 암릉, 눈썹바위, 미륵바위, 병풍바위, 애기바위,
기둥바위, 청학대, 남근바위가 멋진
운악산(935m)
자운봉, 만장봉, 선인봉, 신선대, 칼바위봉, 오봉, 포대
능선이 어우러져 가히 바위전시장을 방불케 하는
도봉산(720m)

한북정맥은 크고 작은 40여개의 산. 봉이 연결되어
백두대간 분기점에서 한강 하구까지 흘러내리고 있어 과연
장관이었다.
한북정맥 산행 중에 힘 던 고비도 많았지만
끝나고 나니
한반도의 또 다른 자연을 살필 수 있어서
보람 있는 삶의 한몫을 한 것 같아 무척 흘가분했다.

* 한강기맥 이야기

을미년(2015)을 맞으며 한 해를 구상하면서,
북한강과 남한강을 가르고 다시 만나게 하는
한강기맥에 관심이 모아졌다.

한강은 한반도 중허리를 두 갈래로 흐르다가
한 물로 만나 서울을 가로질러 황해로 빠진다.
북한강과 남한강이 두물머리에서 합수되어
큰 강이 된다.

한강은 한반도 허리를 흐르면서
대한민국의 중심축이 되고 있다.
총 인구의 절반 이상이
한강과 더불어 생활하고 있다.
산맥이 강물을 가르고

갈라섰던 물을 다시 만나게 하는
한강기맥이 매력으로 다가왔다.

산타기를 하다 보면
능선 산줄기에 굉장한 관심을 갖는다.
산 천지인 한반도 어디를 가나
첩첩 산세가 호기심과 유혹으로
마음을 설레게 한다.

오늘은 어느 산을,
이번 주에는 어디 있는 산을,
이달에는, 금년에는 어느 산맥을,
마음을 다잡으면 가슴이 뜨거워진다.
그럴 때면 한반도 지도를 펼쳐놓고
여기저기를 짚어본다.
참 행복한 시간이다.
누구의 간섭도 받지 않고
내 생각대로 계획하고 결정할 수 있어
여간 즐겁지가 않다.
서울에서 비교적 접근이 용이한
한강기맥이 나를 부추겼다.
거대한 오대산에서부터 연이어진 능선을 타고
내려와 두 한강물이 만나는 현장을 본다는
상상만으로도 온몸이 달아올랐다.

'시작하지 않으면

아무것도 이룰 수 없다'는 다짐이
이 한 해의 행복한 삶의 화두가 되었다.

전연 생소한 산맥 길이라서
무척 망설여지고 염려가 되었지만,
한편으로 산천의 경이로운 경관을
만날 수 있다는 기대감이 나를 충동했다.

이번 산행은 늘 가슴에 담고 있는
'한반도 사랑'의 한 축으로,
자연의 아름다움을 마주하고,
헐거워진 심신에 활력을 일으키는데
마음을 모았다.
16일 만에 무사히 종주산행을 마무리했다.

산은 가서 보아야 제맛이고,
순수하고 짜릿한 느낌과 놀라움의 연속이다.
자연은 인간의 손이 닿지 않는 한,
질서와 조화와 신비의 극치다.

산행하는 동안은 나도 산을 닮아간다.
산행을 하면서 자연에 심취하기도 하고,
지나온 세월과 지금의 또 다른 나를

만나 보기도 한다.
보람과 아쉬움이 반복되면서
자위도 하고 반성도 된다.

'한강기맥'은 백두대간 두로봉에서
양평 두물머리까지(167km)를 이어주고 있다.
북한강과 남한강을 양쪽으로 나누는 산맥이다.

북한강은 소양강, 홍천강물을 모아 흐르고,
남한강은 평창강, 섬강물을 모아
산맥이 끝나는 두물머리에서
두 강물이 만나면서 한강이 된다.

한강기맥은 백두대간 오대산 두로봉을 기점으로
상왕봉, 비로봉, 호령봉을 거쳐
계방산, 운두령, 보래봉, 불발현, 청량봉, 장곡령, 구목령, 덕고산, 운무산, 수리봉, 대학산, 덕구산, 응곡산, 만대산, 오음산, 금물산, 시루봉, 갈기산을 지나 신당고개, 통골고개, 밭배고개, 송이재봉, 비슬고개, 싸리봉, 용문산, 유명산, 소구니산, 옥산, 청계산, 벗고개 능선 따라
양수역을 지나서
세미원 끝자락이 북한강과 남한강이 만나는
두물머리까지이다.

한강기맥은 수도권의 영원한 생명의 젖줄인
한강의 엄마 품이다.
'강물이 있어 행복하다'는 생각을 별로 하지 않다가,
한강기맥 산행을 하면서
한강을 챙겨보는 계기를 가졌다.

한강은 백두대간을 병풍 산맥으로 한북정맥과 한남정맥이
물길을 유도하여 이루어진 강이다.
수도권의 역사와 문화와 생활이
어우러져 흐르고 있다.

한강은 그 유래가 복잡하다.
역사적인, 법률적인, 현실적인 개념이
뒤섞여 사용되고 있다.
역사적으로 옛적에는
한강이 한반도의 허리 부분을 흐르고 있어
대수帶水로,
고구려 때는 아리수阿利水로,
백제 시대에는 욱리하郁里河 또는 한수漢水로
불리어졌다.
신라 시대에는 상류를 이하泥河,
하류를 왕봉하王逢河라 불렀다.
고려 때에는 강 물줄기가 길다고 해서

열수列水라 했다.
조선 시대에는 한양 부근 한강을
경강京江이라 하고
경강 중에서 동쪽인 중랑천과 한강이 만나는
일대를 동호東湖로,
용산 앞을 남호南湖, 용호龍湖 또는 용산강龍山江으로, 마포 앞을 서호西湖 또는 서강西江이라 불렀다.

한강은 백제가 중국 동진과 교류하면서
중국식으로 한수漢水로 호칭하다가,
언제부터인가 큰 강이라는 뜻으로
한강漢江으로 불리어졌다고 한다.

두물머리에서 만난 북한강과 남한강 물이 한강이 되면서
팔당댐에서 한숨 돌려
서울을 관통하여 김포, 강화 땅을 거쳐
서해로 흘러든다.
한강은 현재 살고 있는 우리와 자손만대에 축복이다.

한강기맥은 생동감 넘치는 천연 작품 전시장이었다.
온갖 자태와 풍경들이
발걸음을 옮길 적마다
새로운 모습으로 다가왔다.

* 낙동정맥 끝머리 산행 감동

나는 가고 싶은 산을 즐겨 산행하는 편이다.
전국 산행 지도를 펼치고
한 산, 한 산 짚어보는 즐거움은
느슨한 만년 생활의 활력소가 된다.

수삼 년 전부터 낙동정맥(강원 태백 삼수령에서 부산 몰운대까지 낙동강 동쪽 산맥-지도상 거리 414.3km) 종주에 관심을 두고 단독 산행을 마음 다잡았지만
팔순이 지난 지금에야 무리라고 망설여졌다.

산맥 종주는 거의가 산악회 위주로
단체 산행을 한다.
혹여 단독 산행을 할 경우에도
우선 체력이 강건하면서
악산 산행 경험이 많아야 하고,
구간에 따라서는 산 중에서 숙식을 해야 하기에

장비 준비도 꼼꼼히 챙겨야 한다.
선행자들 경험담과 관련 자료를 요모조모 챙겨보았지만
선뜻 내키지를 않았다.
'일단 부딪혀 보자. 그래도 안 되면 후회는 없다'는
평소 다짐이 민망스러웠다.
급기야 묘안이 떠올랐다.

전 구간 연결 산행 구상을 접고,
정맥 끝머리인 부산지역을 관통하는
구간(지도상 거리 37.9km-실제 산길 80km)을
산행하기로 작심했다.
한반도 산맥 1대간 9정맥(남한구간) 중에서
대도시 중앙을 지나는 산맥은
낙동정맥이 유일하다는데 호기심이 쏠렸다.

부산은 내가 7여 년 생활 한 인연이 있는 고장이라
구석구석이 낯설지 않아 설레기도 했다.
4박 5일 간 일정을 정하고
무리하지 않도록 4개 구간으로 나누어
산행에 나섰다.

신라 때 창건된 범어사를 시작으로
부산의 진산인 금정산 고담봉(802m)으로 올랐다.

능선에는 성(18.845m-조선 숙종대 축성-국내최대)을 쌓아
부산 앞바다와 낙동강 하구로
왜구 침입을 경계하여
나라를 지키는 상징이 되고 있어
지금도 문화재로 관리하고 있다.

산행을 하는 동안
온 사방으로 펼쳐지는 풍광은
그냥 감탄이었다.
지나는 산등성이에는
진달래가 지천으로 피어 반겼고,
겨울 동안 움츠리고 있던 앙상한 나무 가지마다
봄을 맞아 새싹이 눈을 틔우고 있는
산 속은 생기가 넘쳐,
힘들게 산행하는 나에게는
싱싱한 에너지의 저장고였다.

산맥을 따라 산 아래에는 시가지가
절묘하게 잘 개발되어 있었다.
그 한 편은 해운대, 광안리, 송도, 다대포
해수욕장을 품은 앞 바다가
저 멀리 태평양으로 이어졌고,
또 한 편은 낙동강 줄기와 김해공항, 더 넓은 평야가

총총하여 장관이었다.
백양산(641.7m) 정상에서 낙동강 저 너머 낙남정맥(지리산 영신봉-김해 분성산)의 끝 산이 보였다.
9년 전 겁도 없이 혼자 종주했던
추억이 되새겨져 가슴이 뭉클했다.

낙동정맥의 끝 지점인 몰운대를 만나면서
1300리를 흘러온 낙동강 물이
넓은 남해바다와 만나면서 만들어진
가물가물한 모래섬들도 장관이었다.

정맥 구간에는 고개도 많았다.
지금은 주변이 도시로 개발되면서
산맥을 뭉개고 헐어 버려
이제 낙동정맥의 본래 모습은 점점 사라져
무척 아쉬웠다.

높고 낮은 10여 개의 산을 오르고 내리면서
몸은 천근만근이었지만
기어이 해냈다는 편안한 마음이
나를 포근하게 감싸주었다.

산행 내내 걸음걸음마다

자연 그대로가 내 정원이었다.
온갖 풍경에 눈을 마주하면
행복한 미소가 절로 넘쳤다.

낙동정맥은 능선을 사이에 두고 산과 바다, 강과 평야가 거대 도시의 건축물과 어울려져 자연과 인간과의 조화의 극치였다.

이번 산행은 잊을 수 없는 추억으로 새겨져
오래도록 나를 충동하면서,
회상하는 것만으로도
삶의 훈훈한 활력소가 될 듯하다.

* 안나프루나 트레킹

지인에게 안부를 묻다가
네팔을 갈 계획이 있다는 말에 동행키로 하고,
난생 처음으로 해외 트레킹에 나섰다.

김포공항을 출발하여 홍콩을 경유,
네팔의 수도 카트만두에 도착하니
늦은 밤이었다.
그곳 계절은 겨울인데
기온과 분위기는 한국의 늦가을과 비슷했다.
시가지는 분지가 분명한데 해발이 1,300미터란다.

이튿날 아침 히말라야산맥에서
경관이 빼어나다는 안나프루나 봉군의 길목인
네팔의 제2 도시인 포카라로 비행했다.
공항에 도착하니 청사주변에는
온통 꽃들이었고 저 뒤편으로 하늘을 찌를 듯한
설산이 위압감을 주었다.

산을 좋아하는 세계인들이 오매불망
히말라야를 와보고 싶어 하는 이유를 알 것 같았다.
도심 뒷산이 워낙 높은 봉우리라 여명과 함께
설산이 햇살을 반사하면서
형형색색으로 변하는 장관이 천하절경이었다.

새벽녘에 일어나 숙소 옥상에서
산경이 시시각각으로 청. 적. 황. 백색으로 변하는
대자연의 신비한 조화를 보는 순간
심장이 멎을 뻔했다.

보이는 산마다 덩치가 워낙 커서
기대 반, 두려움 반으로 산행이 시작되었다.
장장 2,500킬로미터 히말라야산맥에서
고봉이 하도 많아,
사오천 미터의 봉우리는 관심 밖이고,
6,000미터 이상이 되어야 이름이 주어지고,
7,000미터 이상이 되어야
산사나이들이 관심을 갖는다고 했다.

하루 열 시간 정도의 산행이
만만치가 않은데다 가도 가도 끝이 보이지 않았다.
자꾸만 험난한 산 속으로

빨려 들어만 가는 긴장감이 더하여 녹초가 되었다.
연일 산행이 정말 힘들긴 했지만
이번 산행이 정상등반이 아니고
만년설인 히말라야산맥 곁으로 트래킹을 하는 터라 가능한
많은 곳을 보고 싶어 무리를 했다.

산길에 산양체질로 다져진 동반자인 포트와 셀 파도
헉헉거렸다.

포카라시 인근에 위치한
설산 전망대인 '사랑곳'에서 바라본
안나프루나 제1봉(8,091m)을 중심으로 제2봉(7,937m), 제3봉(7,556m), 제4봉(7,525m), 남 봉(7,219m)군 들이
눈을 덮어쓰고 버티고 서있는 위용은
가히 절경이었다.

산의 모습이 생선 꼬리 같다 하여
네팔말로 '마챠푸쳐'(6,993m : 일명 fish tail)로 명명된 봉을
호수를 사이에 두고 바라본 경관은
신비스럽기까지 했다.

설산 조망대가 설치된 '푼힐'(3,210m)의
저 맞은편에 펼쳐진 다울라기리(8,167m}, 닐기리(6,940m),

바라하시칼(7,847m), 안나프루나 남 봉까지
파노라마로 펼쳐진 눈 산은
산행 자들의 가슴을 설레게 하는 압권이었다.
푼힐 전망대는 히말라야 설산 조망의 최고 지점으로
알려져 네팔의 보석으로 꼽고 있다.
수천 년 깎아내린 듯한 절벽,
땅의 한 부분이 떨어져 나간 듯 섬뜩한 낭떠러지,
그 사이로 굽이굽이 돌아가고 떨어지는 물줄기,
때로는 폭포가,
때로는 강줄기가 되고,
부딪치고, 휘감고, 하류로 내 닿는 물소리는 연주자 없는
대자연의 장중한 협주곡이었다.

마지막 악장은 갠지스강의 원류가 되어
수만 리 흐르고 흘러서 인도양의 품으로 안겨버린다.
히말라야산맥의 눈 녹은 물,
끝없는 여정을 함께 느끼기도 했다.
천년의 세월을 느낄 수 있는 원시림도 있었다.
거목들의 노화된 모습은
온갖 풍상을 겪고 이제는 기력을 다하여
거대한 자연 앞에 맥없이 버티고 서있었다.
그 곁으로 작고 싱싱한 생명들이
힘차게 뻗고, 자라고 있었다.

만물의 윤회를 깨닫게 해주고,
그 어떤 거대함도 자연의 섭리 앞에는
그저 순응할 수밖에 없는
이치를 보여주는 현장이었다.

오르락내리락 산행을 계속하면서,
해발 2,000미터의 가파른 경사지까지 개간하여
삶을 꾸리고 있는 산족들의 느긋함도 보았다.
비록 가난이 안타깝기도 했지만
티 없이 밝은 웃음도 있었고,
순수하고 순한 모습은
우리네 옛 모습을 보는 것 같아
한결 마음이 편했다.

노새 외는 별다른 운반수단이나 교통이 없었다.
첩첩 산골에서도
군데군데 간이 교실을 만들어 놓고
글을 가르치고 있는 광경이 무척 안쓰러웠다.
쌀쌀한 계절이 있는데도 집안에 난방시설은 없었다.
침상이나 땅바닥에 잠자리를 했다.
주식은 밥인데 쌀은 찰기가 없고
반찬과 함께 접시나 그릇에 담아
손으로 조몰락거려 먹는

아주 단조로운 식생활을 하고 있었다.

히말라야산맥의 으뜸인
에베레스트 정상을 육안으로 보지 않고는
미련과 여운이 남을 것 같아
네팔을 떠나는 마지막 날
'플라잉 투어'(비행기 탑승 관광)를 했다.

18인 승 경비행기에 올라
카트만두에서 사십 여분 비행 끝에
창을 통해 보이는 만년설을 쓰고
우뚝 솟아 도열한 히말라야산맥을 보는 순간
악 소리가 절로 터졌다.

스튜어디스가 바쁘게 기내를 다니며
탑승자들에게 산봉우리 명칭을 외치고 다녔다.
보는 순서대로 7,000미터 이상의 봉우리가
시샤팡마(8,013m), 가우리샹카(7,134m), 메룽테(7,181m),
초오유(8,201m), 칸첸중가(7,652m), 푸모리(7,161m),
드디어 에베레스트(8,848m)!

온몸에 전율이 일어났다.
비록 정상등반의 감격은 아니지만

내 눈으로 지구 최고의 산봉을 보다니 !
감격이 아닐 수 없었다.

에베레스트의 네팔 말은
'사가르마타'로 '대지의 여신' 이란다.
최고봉을 받치고 있는 봉이
좌측에 누프트세(7,855m), 우측에 로체(8,516m),
연이어 참랑(7,319m), 마칼루(8,463m)등
기라성 같은 봉 봉의 연속이었다.

이번 트레킹이 짧은 일정으로
주마간산 격이었지만
대 자연과 순수함이 주는 교훈은 다시없는 기회였다.

이제는 자연을 가까이하면서
자연을 만끽하는 삶을
꾸려야겠다는 생각이 더욱 더 간절했다.
일 년에 한번쯤은 네팔을 찾고 싶다.

제발 꿈이 아니기를……

* 고비사막의 추억

'자고 나도 사막의 길, 꿈속에도 나그네 길....'

흘러간 대중가요 한 구절
귓전에 아련히 되새겨질 때마다
나는 막연히 중앙아시아 고원 고비사막이
항상 동경되었다.

그러다 마침 꿈에도 그리던
고비사막의 여정이 열렸다.
마치 미지의 세계를 정복하러 가듯
들뜬 기분에 밤잠을 설치다
드디어 몽골 행 비행기에 올랐다.

사막 트래킹을 하기 위해
인천공항을 떠나 몽골의 수도 울란바토르를 거쳐
고비사막의 을씨년스러운 비행장에 무사히 내렸다.

눈앞에 펼쳐진 광활한 대평원
심장이 멈추는 듯했다.
삭막하고 끝없는 모래천지
상상했던 기대는 산산이 무너졌다.

비행장이면 으레 포장된 활주로에 관제탑과 제법 갖추어진 청사쯤은 있을 법 한데
엉성한 풀 바닥 맨땅이 그대로 활주로
공항청사는 허허벌판에 시골집 풍
낡은 단층 한 채가 고작 이었다.

황량한 허허벌판
방문객을 위한 「겔」(몽골의 전통주거 형식인 이동용 팔각형 천막)에
여장을 풀고
끝없는 지평선 사막에 감탄 또 감탄!

다음날부터 2박 3일간
고비사막의 호기好奇어린 탐사가 시작되었다.
고비사막은 모래사막이 아니었다.
얕은 풀이 듬성듬성 난 자갈 섞인 땅이었다.
빈약하지만 풀이 있어
가축(말. 양. 소. 낙타) 방목이 가능했고,
유목민의 삶의 터전이었다.

넓고 넓은 고비사막
한두 마리의 짐승은 어울리지 않았고,
수백 마리라야 제법 풍경이 있었다.
족히 천 마리나 될법한 야생 인팔라의 질주는
사막의 꽃이었다.
달리는데 이골이 난 짐승만
광야를 차지할 수 있는 땅이었다.

나무 한 그루 없으니 그늘이 있을 수 없고,
대낮 기온이 영상 35도(체감온도 45도)
더위를 이기는 방법은
그 자리에 가만히 서 있는 것이 전부였다.
말과 양들이 서 있는 모습
보기만 해도 진땀이 났다.

신기하게도 고비사막 한구석
얼음 구덩이가 있었고,
냉기가 서린 지하수가 흘러나오는
오아시스가 딱 한곳 있었다.

반경 20킬로 땅을 중심으로
가축 수백 마리 몰고
매년 두세 번 옮겨 다니는

유목민의 생활을 눈여겨보았다.
물이라곤 평생 한 번도 마시지 못하고
동물의 젖으로 해결해야 하고,
채소는 구경도 못한 체
동물의 고기로만 식생활을 하고 있으면서
그 속에서도 순박한 인정과 가족 간의 사랑과
그들 나름의 풍속이 있었다.

사람이 죽으면 시신을 마차에 싣고
황야를 달리다 떨어지는 지점이
죽은 자와 연이 닿는 곳이라 하여
그곳에 그냥 방치한단다.
들짐승과 날짐승 먹이로 베풀고
많은 세월이 지나면서
한 줌의 흙으로 되돌리는 장의문화
가장 자연 친화적이라
그럴듯하게 느껴졌다.

넓은 하늘을 바라볼 수 있는 고비사막
일출과 일몰의 광경은
가히 절경이었다.
지평선상 해돋이 때
또렷한 붉은 태양이 나에게로

달려오는 듯한 착시현상은
황홀함 그 자체였다.
초롱초롱한 밤하늘의 은하수계 별 밭
높이뛰기만 해도 잡힐 듯
현란한 야경에 만취되어 녹초가 되었다.
한낮에는 말만 듣던 신기루를 보았다.
사막이 바다로 변해 보이는
자연의 오묘함은 그저 놀랍기만 했다.
낮과 밤의 기온 차가
심할 때는 70도가 넘어
열냉熱冷의 일교차가 반복되면서
자연이 연출하는 착시현상이다.

강우량이 적어 안타까운 땅,
기후의 극한 상황에서
생존의 지혜를 목격할 수 있는 경이로운 땅,
대륙의 생성과 파괴의 현장을
살펴볼 수 있는 흥미로운 땅,
자연의 최악 조건에서
인간의 무한한 도전을 유혹하는 땅,
밤하늘에 우주의 신비를 확인시켜 주는 땅,
문명이 오히려 어색한 오지의 땅,
고비사막이 나에게 준 멋진 선물이었다.

고비사막 트래킹을 끝내고
울란바토르의 근교인 텔레지에서
허브 등 야생화가 흐드러지게 핀
넓디넓은 초원에서 또 다른 몽골을 체험했다.

말을 타고 싱그러운 공기를 가르며
벌판을 질주하는 통쾌한 체험을 뒤로한 채,

'낙타 등에 꿈을 싣고 사막을 걸어서 가면…'
유행가를 흥얼거리며
고비사막의 여정을 접었다.

* 오! 킬리만자로여!
아프리카여!

학창시절 아프리카 대륙의 최고봉
'킬리만자로'를 마음속에 담아둔 적이 있었다.

미국 작가 헤밍웨이의
'킬리만자로의 눈'(The Snow of Kilimanzaro)이 동기였다.
소설 내용에 '산 정상 한 모퉁이
표범시체 하나가 얼어붙어 있는데
이 표범이 왜 거기까지 왔는지
아무도 알 수 없다'는 구절이
나에게도 호기심을 일으켰다.

언젠가는 가보아야겠다는 염원이
금년에야 이루어졌다.
가벼운 긴장감이 앞섰다.
3,000m부터 나타난다는 고소증 때문이었다.
(일명: 고산병. 높은 산에 올랐을 때 기압이 낮아지고, 산소가 부족하여 숨이 가빠지고, 두통. 가슴통. 구토. 이명. 현기증 등 증상이 나타나고, 심한 경우

폐수종, 뇌수종으로 사망에 이름)
숙련된 산악인이 아니면서
5박 6일간 계속되는 산행과 악조건의 숙식을
감당할 수 있을지가 문제였다.
'강한 의지는 철벽도 뚫는다'는 각오로
그곳 건기乾期인 8월 중 13일간의 여정에 올랐다.

인천공항에서 홍콩, 방콕, 중동의 아부다비, 아프리카
케냐의 나이로비를 거쳐
육로로 탄자니아에 있는
킬리만자로 국립공원 입구까지
40여 시간 불편하고 지루한 이동,
미지에 대한 기대와 긴장이 피로를 무디게 했다.

킬리만자로는 '스와질리어'로 '빛나는 산' '위대한 산'
의미를 가진 케냐와 접경한 탄자니아에 있는
세계 최고 최대의 휴화산으로
정상에만 만년설이 덮여있었다.
동부 아프리카 대륙을 굽어보며
우뚝 서 있는 위풍당당한 거산巨山(높이 5895m, 동서로 약 80km)이다. 정상은 움푹 파인 분화구 형태였다.

등반 코스는 마랑구 루트MARANGU ROUTE

워낙 거대한 산줄기라 고도에 따라 지형이 특이해
해발 2,700미터까지는 밀림지대,
3,700미터까지는 관목지대,
4,500미터까지는 사막지대였다.

길은 비교적 완만한 경사였고
산행에 큰 불편은 없었지만
4,500미터 이상은
화산재와 용암으로 형성된 급경사지대로
가장 힘든 구간이었다.

킬리만자로 산세는
족히 3-40킬로미터 쭉 뻗은 능선에 치받쳐
우뚝 솟은 형국으로 지표는 누렇게 홀랑 벗은 채
정상부근만 만년설을 이고 있었다.

4,200미터에서 나에게 고산병 증세가 나타났다.
매스껍고 두통에다 배가 뒤틀리고 구토증까지 났다.
고산증은 재빨리 산을 내려가야 하기에
무척 망설여졌지만.
무리한 산행을 계속해서 위험을 사느니
안전을 우선으로 하산을 했다.

킬리만자로 트레킹을 끝내고,
케냐의 '마사이 마라'MASAI MARA공원과
세계 최대 동물 천국인
'세렝게티'SERENGETI국립공원에서
광활한 초지 위의 야생동물 사파리를 체험했다.

이 공원과 인접한 세계 8대 불가사의 중의 하나인 '응고롱고로'NGORONGORO 분화구와
직립인류의 발원지인 '올두바이'OLDUVAI협곡도
둘러보았다.
원시가 숨 쉬고 있는 거대한 자연 앞에
인간은 너무나 왜소하게 느껴졌다.

대평원과 분화구 내에서 먹이 따라
서식 이동하는 가젤.임팔라.누우.얼룩말.버팔로.하마.기린.사자.표범.하이에나.원숭이.홍학등의
야생 생태계의 현장은 장관이었다.
약한 것은 무리를 이뤄야 하고,
강한 것은 소수여야 하는
먹이사슬의 현장을 목격할 수가 있었다.

배가 고프지 않으면 설사 먹이가 곁에 있어도
관심을 보이지 않는 야생 법칙은

순수한 자연이고 질서였다.
사람들은 호기 있게 동물을 추적하며
탄성을 자제하고 눈과 입만 벌렁 이는데,
동물들은 '왜들 그러느냐'
사람들의 동정을 별반 경계하지 않았다.
오히려 성가시다는 표정이었다.
자연 생태계는 지구 역사와 함께
자연 그대로인 것이 가장 순수한 질서이고,
아름다움이고, 조화라는 현장이었다.

아프리카 토착민인 마사이족 마을을 둘렀다.
의식주가 문명과는 완전히 차단된 원시생활이었다.
관광객들에게 민속춤을 추는 것이
그나마 외부인과 접촉하는 길목이었다.

공원 속에 있는 롯지에 머물며
밤에는 야생동물이 득실거리는 초원에서
괴상한 울음을 귀담아듣기도 했다.

끝을 짐작할 수 없는 눈이 시린 벌판과 구릉,
토양이 거칠어 물이 기다려 주지 않는 땅,
인간에게 고개를 숙이지 않는 무정한 땅,
하늘도 무심하여 비가 한없이 인색한 땅,

여기가 아프리카 대륙이다.
그 열악한 환경 속에서도 인간과 동식물들이
자연에 순응하며
불평 없이 살아가고 있는 모습
그 옛날의 우리들 이기도 했다.

아프리카인들은 피부색만 검을 따름이지
순수한 그들의 표정이나 행동은
너무나 평온했다.
여행객을 상대로 기념품이나 토속 품을 파는
원주민들의 익숙한 상술은
외지인들의 내왕이 그들의 삶을 흔들어 놓았다.

가는 곳마다 해바라기. 칸나 .옥수수. 용설랑이
낯설지 않아 무척 친근감을 주었고,
새벽을 알리는 닭울음 소리는
한국과 다를 바 없었다.

때 묻지 않은 자연,
눈부신 햇빛,
심금을 두드리는 원색의 소리,
들이쉴수록 구수한 냄새들의 향연이
찬란한 아프리카여 !

때묻지 않은
원시 자연이 온 대륙에
살아 숨쉬는 아프리카여!

영원한 축복이 있어라.

* 지구 최고봉 에베레스트를 만나다

지구의 최고봉은 네팔과 중국 티베트를 국경으로, 하늘 높은 줄 모르고
8,848미터나 우뚝 솟은 '에베레스트'다.

내 눈으로 그 에베레스트를 보고 싶었다.
마침 기회가 와서 트래킹 팀에 따라나섰다.
최종 목적지는 에베레스트가 마주 보이는
'칼라파타르'(Kala Pattar-5623m) 베이스 켐프였다.

13일간 연속된 산행
고산으로 인한 산소 부족
기압하강(평균 600mb)으로 인한 심장 부담
눈바람이 협곡을 휘감아 몰아붙이는
맵디매운 영하의 겨울철에
내 신체조건으로는 절대적인 무리였다.
무모하다 못해 멍청한 짓이었다.
에베레스트를 만나겠다는 간절한 소망이

무리를 선택했다.
'그래 ! 내 체력과 의지력의 전부를 쏟아
지구에서 제일 높다는 에베레스트를
가장 가까이 가서 보자!'

에베레스트는 1865년까지 'P-15'로 불리다가
당시 영국의 측량 장관인
조지 에베레스트(Sir, Gorge. Eeverest)경의 이름을 따
명명되어 지금까지 공인 되고 있다.
국경을 같이한 티베트어로는 '초모랑마'Chomolangma로
'대지의 여신'이란 뜻이며,
네팔어로는 '사갈마타'Sagar Matha로
'세계의 정상'이라는 의미를 가졌다.

2002년 크리스마스 전날에
루크라(LUKLA-2100m- 통상 에베레스트 산행의 시발 지)에서
산행을 시작했다.
산행 9일만 인 다음 해 1월 1일에
빙하를 방석으로 하고
하얀 만년설로 위풍당당하게 치장을 한
에베레스트를 마주하고 섰다(5554m 지점).

장엄무비莊嚴無比한 에베레스트 산군山群에

말문이 막히고 온몸이 굳어지는 듯
떨림과 긴장이 뒤엉킨 몽롱함에 취했다.
거대하고 웅장한 대자연의 파노라마에 압도되어
숨이 멈추어 버릴 것만 같았다.

에베레스트 봉 왼쪽으로 푸모리(Pumori-7145m)봉
오른쪽으로는 로체(Lhotsey-8516m)봉
좌청룡 우백호를 거느렸다.
연봉들은 거친 톱날이 휘어진 것 같으면서
잘 조화된 거대한 설산雪山 풍경화였다.

깊은 계곡에 맑은 푸른빛이 감도는 빙하가
장관이었다.
난생처음 보는 빙하!
두고두고 잊히지 않을 얼음의 보석!

히말라야 산맥은 대륙지판과 해양지판의 강력한 충돌로
솟았다고 한다.
만년설로 장식된 에베레스트는
지구가 만든 가장 거대한 천연 작품이었다.

연일 계속된 산행에 몸은 파김치가 되었다.

에베레스트 겨울철은 건기여서
비나 눈이 인색하다는데
이번 산행에서 운이 좋아 크리스마스 당일과
한해 끝 날인 12월 31일에 눈이 내렸다.
높은 산 깊은 계곡 자연경관의 운치와 어울려
눈을 맞으며 걷는 기분은 그저 황홀하기만 했다.

이번 에베레스트 조망 산행에서
목표를 가지고 도전하는 자만이 성취할 수 있고,
자연은 그 자체가 경이이고
자연은 어디까지나 자연에 의해 다스려진다는
지극히 당연한 이치를 되새기게 했다.

내 눈으로 세계에서 제일 높은
에베레스트를 봤다는 감동은
두고두고 기억되고 간직되리라!

기력이 부쳐 연 4일간 말을 타고
하산한 추억도 함께.

* 아내와 함께
아프리카 최고봉 정상에 서다

'P형!'
'요즘 어떻게 지내지요.'
퇴직한 지 벌써 몇 년이 지났습니다.
퇴직하면 원도 없이
산행도, 여행도 실컷 하고,
공직 중에 못해본 일들을
마음 놓고 해 보겠다던 다짐은
생각대로 잘되어 가는지 몹시 궁금합니다.

늘 가슴 저 밑바닥에 맴도는 것은,
재직 중에 나를 격려하고, 도와주고,
힘이 되어 주었던 많은 분들의 면면이었습니다.
아마 P형도 같은 느낌일 듯싶소.

그중에 아내의 내조는 단연 으뜸이지요.
아내가 가장 가까이 있으면서도
등하불명이 되어 귀한 줄 모르고

함부로 대하지 않았나 하는 회한이
가슴을 짓누르기도 합니다.

인생의 황혼 길에 접어든 지금에야
무엇으로 아내에게 보답을 하겠습니까.
금은보화인들 무슨 소용이 있겠습니까.
부부간에는 빚이 있을 수 없으니
갚을 수도 없고,
무언가 이생에서 최상의 이벤트를 해야겠는데
묘안을 찾았습니다.

가당치도 않은 발상입니다.
내 무모한 무용담을 한번 들어 볼래요.

내가 이삼 년 전에 갖은 고생을 하면서
아프리카대륙의 최고봉인
킬리만자로 산행을 다녀왔었소.
그때 느낀 것이 아프리카 대륙은
문화이기보다 원시자연이 간직된
아름다운 보물 전시장이었습니다.

아내에게 아프리카 보물을 선물하고 싶었습니다.
킬리만자로 정상(5,895m)을 아내와 함께 등정을 해서 '나는

이 지구상에서 당신을 가장 높이 받들고 있소' 외치면
아내는 찡한 감동을 받을 것 같고,
온갖 어려움을 슬기롭게 풀어
나를 잘 지켜 준 아내의 고마움을
한꺼번에 보상할 것 같아
유쾌한 음모를 꾸몄습니다.

고산등정 제안을 했더니
일언지하 거절이었습니다.
하기야 나는 가끔 산행을 하지만
아내는 큰 산 산행을 해 본 적이 없으니
당연한 반응이었습니다.
살살 꼬드겼죠.
야생동물 천국인 세렝게티와 응고롱고로 분화구,
마사이족, 세계 3대 폭포 중의 하나인 빅토리아,
직립인류의 발원지인 올두바이를
입에 침이 마르도록 읊어 댔죠.

아프리카는 비록 문명과 문화적인 면에서는
낙후하지만
끝없이 광활한 대륙,
파괴되지 않은 자연,
용맹하면서도 순박한 아프리카인의 삶,

동식물의 신비로운 생태환경은
문명국이나 문화국가보다 또 다른
신선한 체험을 맛보게 될 것이라고
중언부언했더니 솔깃했습니다.
부랴부랴 아내의 등산화와 자외선 차단용 고글만을 구입하고, 등산복을 비롯한 장비는 모두 내가 평소에 쓰던 것을 활용하기로 했습니다.
그러니 차려입은 행색은
남장 여인이라 가관이고,
보는 이로 하여금
실소를 자아내기에 충분했습니다.

16일간의 일정에 맞추어
전문 산 꾼도 아닌 60대의 어정쩡한 노부부가
격에 맞지 않게 고산 등반을 했지요.

정상에 만년설을 이고 있는 킬리만자로는 7개의 등정 코스가 있는데 그중에서도 화산 신火山神이 용암으로 빚었다는 천하절경의 진수를 간직한 마차매MACHAME 루트(가장 길고 급경사가 심한 코스)를 가게 되었습니다.

아내는 그저 '남편이 옆에 있으니 별일이야 없겠지'
오기 하나로 산행을 따라나섰습니다.

하루 평균 아홉 시간 험난한 산길을 걸어
6박 7일간 천막 야영을 하면서
강행군(정상가는 날은 19시간 산행)을 했습니다.
맙소사! 과로, 다리근육 경직, 체내 수분부족, 가슴
조임, 숨 가쁜 호흡, 두통, 구토, 현기증이
수시로 덮치는데 견딜 장사 있겠소.
그런데도 아내는 그 증상이
고소증이라는 걸 몰랐습니다.
만일 알았다면 중도 포기를 했을 겁니다.
기어이 가야 한다는 의지 하나로
부창부수하면서 급기야 정상을 올랐습니다.

그 감격은 정상에 올라 본 자만이
느낄 수 있는 쾌거였습니다.
참 멋진 등반이자
우리 부부가 이승에서 할 수 있는
가장 값지고 귀중한 서로간의 헌신이었습니다.
극한 상황에서 다른 사람의 간섭 없이
오래 간 만에 두 사람이 갖는
시간과 공간을 향유하면서
서로 보살피고 격려하며 용기를 주고
우주의 기를 모아 주면서
산행을 할 수 있었던 체험은

소중한 선물이었습니다.
부부는 일심동체라는 확신을
새삼스럽게 각인시켜 주었습니다.
산행을 하면서 손을 꼭 잡고 서로의 체온을 느끼기도
지난 세월에 묻었던 추억들을 반추하기도 했습니다.

아내는 나더러 '이제라도 세상사에 욕심이 있다면,
혹여 살아오면서 서운한 사람이 있었다면,
또한 자기한테 아쉬움이 있었다면,
그 모두를 이 산 정상에 묻고 가자'고 하더군요.

'이제는 힘닿는 대로 베풀면서,
유유자적하게 살라'고
조영남 씨의 노래 '옛 생각'을 불러주었습니다.
아프리카 대륙 킬리만자로에서 말입니다.
만감이 교차하는 감동이었습니다.

P형! 내가 살아오면서 알게 모르게
가슴속에 박혀진 무수한 흔적들을
아내는 꿰뚫고 있었고,
지아비의 빛과 그늘을 함축된 몇 마디로
나를 용해시켜 버렸습니다.
역시 '아내는 영원한 아내'라고 밖에

달리 표현할 방도가 없더군요.

이참에 아내는 감동의 추억을 담아왔습니다.

하산할 때 현지인 쿡cooker보조원이 며칠간
등산길 간이 조리실에서
정이 든 탓인지 '마미 마미' 하면서
힘들어하는 하산 모습을 보고
수 킬로미터를 업어다 준 고마움을
평생 잊지 못하겠다고 합니다.
아프리카 탄자니아에서
아들 하나 얻었다고 그렇게 좋아했습니다.
연락이 닿는다면 인연을 계속하고 싶다고 합니다.
인종은 달라도 인정은
세계 어디를 가나 통하나 봅니다.

돌아오는 길에 아프리카 대초원인
탄자니아 세랑게티 야생동물과
응고루고르 분화구 홍학 군무를 보고,
짐바브웨와 잠비아 국경을 흐르는
빅토리아 폭포(높이 120m. 너비 1,700m)도 둘러보았습니다.

아프리카는 어디를 가나

아직도 자연 생태계가 잘 보전 되고 있어
감동이었습니다.
원색이 살아 숨 쉬는 아프리카 땅에
영원한 축복이 있었으면 합니다.

P형, '늘 건강하고, 즐거우시길!'

* K2봉 품속에 안기다

K2봉은 파키스탄 히말라야 카라코람산맥에 위치한
세계에서 두 번째로 높은 봉우리다.
6개의 빙하를 거느린 삼각뿔 형태로
만년설을 덮어쓴 '하늘의 절대 군주'로 애칭 되는
위풍당당한 독립 봉이다(8,611m).

인근에 브로드 피크(8,407m), 가샤브룸(8,068m),
20미터가 부족해 8,000미터 산군에 못 끼지만
쉽게 인간에게 정상을 허락하지 않았던
난공불락의 가샤브룸 Ⅳ(7980m)를 거느리고 있어,
세계 산악인들에게 등정의 구미를 부추긴다.

국내산을 두루 다닌 산 마니아 몇 분이
K2봉 베이스 캠프(5,200m)를 간다기에
나도 동참을 했다.

가는 길목은 세계에서 가장 길고 넓은

발토르 계곡 빙하(80km) 위를 트래킹 하면서
좌우 암봉 산군이 가관이란다.
빙하 위를 걷는 오싹하고 짜릿한 맛은
세계 어디에서도 경험할 수 없는
트렉킹 이라는 데 마음이 끌렸다.

파키스탄의 문화, 교육, 예술의 중심 도시인
라호르에서 자동차로 700km를 달렸다.
라호르에서 수도 이슬라마바드까지는
파키스탄 유일의 고속도로였다.
한국의 대우건설이 70년대에 건설했다고 한다.
한국의 위상이 느껴져 뿌듯했다.

가는 길목에서 정상 오르기가 무척 힘들다는
남가파르바트(8,126m)를 먼발치에서 보는
행운도 얻었다.

산행이 시작되는 스카루두 부터 험난한 길은
생사가 천국과 지옥의 문턱에 걸린 듯했다.
한쪽은 3,000미터 높이의 바위 옆구리가
금방이라도 무너질 듯 말 듯
다른 한쪽은 깎아지른 천길 절벽 아래
구비치는 강물이 언제라도 삼켜버릴 듯

위세가 오금을 저리게 했다.
내가 고대했던 발트르 빙하는
빠유(3,450m)에서 시작되고,
장장 80킬로미터를 뻗치고 있었다.
깊이를 알 수 없는 계곡 빙하 위에
돌, 바위들이 뒤엉킨 채 널브러진 퇴석 빙하여서
흰 바탕에 맑고 푸른빛은 볼 수가 없어
무척 아쉬웠다.

힘없이 무너져 내리는 돌들이
쩍쩍 벌어진 크레파스에 퉁기는 괴기한 소리는
간담을 서늘케 했다.
어느 하나 없이 중심을 잃으면
밀리고, 떨어지고, 무너지는 것은
인간 세상살이와 다를 바 없었다.

고도가 높아질수록 산봉은
하나 같이 홀라당 벗고 서있는 나신상이고,
5,000미터가 되어야
꼭대기에 눈을 흠뻑 쓰고 있었다.
6,000미터가 되면 산 중턱까지 눈을 덮었고,
7,000미터가 되어야 옆구리에 빙하를 끼고,
8,000m가 되면 보란 듯이 온몸에 흰 눈을

덮어쓰고 있었다.
마지막 숙영지인 꽁꼬르디아(4,650m)에 도착하니
K2봉의 위용이 한눈에 들어왔다.
하늘을 떠받치고 삼각봉으로 우뚝 솟은 K2봉은 과연
명산이었다.
온몸에 쌓인 무기력과 나른함이 일시에 사라지고, '나 여기
와서 그대 품에 안겼노라'
K2봉을 향해 환성을 토했다.

중국과 국경을 하고,
인도와 영토 분쟁을 일삼는 카슈미르,
2,500킬로미터에 달하는
히말라야 정수인 캬라코람산맥의 절대군주
K2봉은 내가 선 자리에서
좌측으로 브로드 피크 산군과 가샤브룸 산군이,
우측으로 종타르 산군과 트란고 산군을,
맞은편으로는 발토로 산군과 마샤브룸 산군을
길게 거느리고 있었다.
모두가 7-8,000미터 산봉우리들로 뭉쳐져,
하늘을 가리는 병풍처럼 둘러치고 있었다.
세월이 빚은 지구 최대의 암봉 산경 이었다.
자연의 아름다움과 고고함은
무한의 세월 속에 태양, 물, 바람이 빚어낸

절묘한 조화였다.

헐거운 신발에 무거운 짐을 지고서도
웃고, 노래하고, 서로에게 몸을 기댄 체
추운 밤을 지새우면서도
삶을 절망하지 않는
현지 산행 도우미들의 훈훈한 인정에
헤아릴 수 없는 고마운 마음이 울컥 치밀었다.
언젠가는 온정의 흔적을 되돌리고 싶었다.

메고 갔던 배낭과 옷가지들을 나누어주었더니
그렇게 즐거워할 수가 없었다.
가난에 대한 동정이 아니라
인정을 주는 선심이었기에
나도 마냥 흐뭇했다.

나이 들어 무모함은 만용인 줄 알면서도
웅장하고 신비한 히말라야 캬라코람 산군에
안길 수 있었다는 것은 참 잘한 선택이었다.

하산하면서 고소증에다 체력 탈진으로 포터와 상의해 말을
주선하여 말을 타고 하산했다.

빙하를 타고 흐르는 잿빛 인더스 강물에
아쉽고 안타까운 삶의 만 가지 마음을
훌훌 실어 보냈다.

* 중국 다구냥산 등반

기회가 닿아 중국 사천성 소금현과 문천현이 접경하는 다구냥산四姑娘山을 등반했다.

이 산은 옛날부터 중국의 소수민족인 장족에게
신성시 되어온 4개의 봉우리가 아름다운 산이다.
그중 제일 높은 봉우리가 6,250미터로
박쥐가 날개를 펴고 힘차게 하늘을 치솟는 형국에다
사시사철 눈을 덮어쓰고 있어
경관이 아름다웠다.

쓰구량산의 연봉인 다구냥산(5,355m)은
날카로운 바위가 뒤 엉긴 가파른 산이다.

70 노령에 숙달된 산악인도 아니면서
고산 등반은 무리였다.
무척 망설여졌지만 의지를 다졌다.
정산 등반은 야간 산행에다 기온도 영하로 떨어졌다.

살면서 내 번의 고산(5,000미터 이상) 등반을 경험했지만
모두가 어려움이 몸서리를 치게 했었다.
그러면서도 일상에서의 나른함이
나를 또 벼랑으로 내몰았다.

다구냥산 일대는 산세가 험악하여
산봉들이 거의 직벽으로 솟았고,
계곡은 그 깊이를 가늠할 수가 없었다.
골짝마다 내려 쏟는 물줄기는
폭포가 되어 장관을 연출했다.

중국이 애지중지하는 팬더(大熊描)의 서식지도
그곳에 있었다. 첩첩 산속에 '팬더의 고향' 표지판이 무척
인상적이었다.

등반 지역에 접근하는 산복 도로는
아슬아슬하기도 했고
230킬로미터를 자동차로 열네시간이나
덜컹거려 몸 구석구석이 얼얼했다.
거의 일 차선 비포장도로에다
4,457미터 높이의 꼬부랑길이
구절양장의 본고장인 듯했다.
시시각각으로 운무가 산자락을 휘감고

풀리기를 반복하는 산세의 비경은 장관이었다.
느닷없이 중국이라는 거대한 공룡이
내 앞에 얼씬거렸다.

세계 국가 중 세 번째로 넓은 땅,
13억의 최다 인구,
신이 내린 자연경관 자원,
긴 역사의 문화유산,
거대한 국토개발의 진행,
세계 굴지의 자본과 기술이 밀물처럼 밀려들고,
모기 눈으로도 요리를 만든다는 무궁무진한 능력,
비가 오면 우산 두 개를 들고 하나는 쓰고
하나는 팔기 위해서라는 기상천외의 상술,

거대 도시 중심으로 하루가 다르게
우후죽순처럼 급성장하는 중국은
이제 공산주의 이미지에
못사는 중국이 아닌 듯했다.

곳곳에 자신감과 의욕이 생동감을 주고 있었다.
중국의 온 땅덩이가 성장의 불이 붙어
훨훨 타고 있었다.
이런 추세라면 머지않아 중국이

세계의 중심국가가 될 것이 불을 보듯 했다.
한편 우리의 현실은
중국이라는 거대한 불덩이가
등을 짓눌리고 있다.
웬만한 일용품, 식품, 공산품은
'메이드 인 차이나'made in china다.
모조품, 가짜 소동이 심심찮게 세상을 시끄럽게 한다. 수도
없는 생산 공장이 중국으로 건너갔다.
봄이면 황사가 위협적이다.
일 년 내내 공해물질이
기류를 타고 먼지로 쏟아진다.
대륙 곳곳에서 흘러내리는 대량의 오염된 폐수가
서해바다를 혼탁하게 하고 있다.
핵심적인 산업정보가 솔솔 빠진다.
역사와 문화의 충돌이 신경을 날카롭게 한다.
지리적으로 외면할 수도 피할 수도 없는 상황이다.
가장 이웃한 나라가 잘되는 것은 반가운 일이지만.
남의 집 불구경만 할 것이 아니라
우리도 더 잘 살 수 있는 지혜를 찾아야 한다.
지금 불타고 있는 중국을
눈여겨보아야 할 것 같다.
불은 추위를 녹여줄 수도 있지만
너무 가까이하면 데일 수도 있다.

고산 등반 트래킹 길에 내 머릿속은
길섶에 흐드러지게 핀 갖가지 야생화와 겹쳐지면서
한국의 미래가 얼씬거렸다.

* 알프스 보석
몽블랑 일주 산행

내 체력에 무리다 싶었지만
몽블랑 일주 트래킹Tour du Mont Branc/TMB에 매료되어
무모한 산행을 하고 말았다.
몽블랑(4810m)을 중심에 두고
프랑스, 이탈리아, 스위스를
한 바퀴(160km) 도는 산행이었다.

산행 출발지는
우리나라에서 교통 접근이 비교적 용이하고
편의시설이 그런대로 편리한
프랑스 쪽 작은 산악도시인 샤모니Chamonix였다.

몽블랑 둘레길은 샤모니 서쪽 방향으로
레우쉬(1,007m), 꼴데보사(1,653m), 레스콘타민(1,167m),
꼴두본옴므(2,443m), 꼴데라세이느(2,516m=프랑스.이탈리아 국경), 꾸르마이유(1,226m), 테테 벨날다(2,534m), 리프엘레나(2,062m), 꼴두 그랜드 페레트(2,537m=이탈리아. 스위스

국경), 라포올리(1,610m), 샴페스(1,466m), 트리엔트(1,279m), 꼴데발므(2,191m=스위스. 프랑스 국경), 레프락불랑(2,352m), 라프레제르(1,875m), 샤모니(1,037m)로 연결되었다.

산중에서 숙식을 하며
하루에 7,8시간을 1,000m에서 2,700m를 오르내리며
10일간 연속된 산행은
체력에 한계를 실감케 했으나,
기분은 더없이 상쾌했다.

몽블랑 산군은 듣던 대로 알프스산맥의 심장부이자
최고봉군으로 위용이 대단했다.
4,000미터가 넘는 봉우리가 9개에
1,000미터 이상 봉우리 수백 개를 거느리고,
그 모양새는 어디에서도 볼 수 없는 형형색색이었다.

깎아지른 눈 덮인 산이 장장 35킬로미터를 넘게 뻗어
그 당당하고 멋진 위용은 산을 좋아하는
세계인들의 선망 대상이 되기에 나무랄 데가 없었다.
높은 봉우리는 사시사철 눈을 덮어쓰고 있고,
깊은 골짜기에는 빙하로 가득했다.
빙하가 녹아 세곡마다 흘러내리는 물이
대자연의 오케스트라였다.

몽블랑 산군은 젊음의 패기가 넘쳐나는
레포츠의 천국이기도 했다.
정상 오르기, 빙벽 타기, 트래킹, 산악자전거, 스키,
스노보드, 래프팅, 패러글라이딩
자기 취향에 맞추어 자연의 품속에서
여유 있게 삶을 즐기고 있었다.

양지바른 곳에는 노랑, 파랑, 빨강 색 야생화들이
지천으로 피어 있어 겨울과 봄이 어우러진
절묘한 경관이었다.
목가적인 풍경은 단연 스위스 쪽이었다.
띄엄띄엄 산간 마을이 잘 정돈되어 있었고,
초원에는 수십 마리 소들이
한가로이 풀을 뜯고 있었다.
문득 '데니보이' 노래가 흥얼거려 졌다.

3개국을 거치는 트래킹이었지만
국경 간 통제가 없어 왕래가 자유로웠다.
길 하나, 마을 하나를 사이에 두고
언어와 문화가 다른 것은 신기하기도 했다.
트래킹 코스에는 적당한 거리에 단 한 곳만이
숙식을 할 수 있는 시설이 있어
자연보호에 철저했다.

관광을 목적으로 한 곳은
산악 도시 프랑스 샤모니와 이탈리아 꾸르마이유,
스위스 트리엔드 외에는 자연보호를 위해
인위적인 시설은 철저히 통제하고 있어.
몽블랑 일주 트레킹은 예약이 필수다.

수억만 년 변화되면서 간직되어 온
자연의 아름다운 경관을
보고 즐기는 것만으로도 감사해야 했다.
자연은 그 자체가 아름다움이고, 질서고, 조화였다.
눈비와 바람에 핥기고, 찢기고, 부러지고, 패이고,
쓸려도 세월은 그 상처들을 안고 복원되고 있었다.

인간이 인간에게 받은 상처는
평생을 두고 아픔으로 간직하고 사는 우둔함을
자연이 암시하는 듯했다.

몽블랑 정상 주변으로 일출과 석양에
연출되는 빛의 향연은 찬란한 하늘의 조화였다.
산행을 하면서 만나는 외국인들도
전연 낯설지 않아 친밀감이 느껴졌다.
마주 지나칠 때마다 '당신 먼저' 다.
상대를 존중하고 배려하는

양보의 미덕이 꽃 피는 다문다문한 현장이었다.

밤마다 산장에서는 소탈한 음악회가 열렸다.
우리 일행 중에 산 노래를 즐겨하는 분이
통기타를 가져 왔고, 성악가 두 분이 있었다.
이 분들이 먼저 분위기를 잡으면
국적을 가리지 않고 샹송, 팝, 가곡, 뽕짝이
박수와 웃음으로 몽블랑산 언저리에 메아리쳤다.
역시 음악은 세계인의 마음을
하나로 만드는 청량제였다.

산행 중 천지를 뒤흔드는
천둥 번개 속에 위기를 넘기기도,
난생처음으로 우박을 맞기도,
냉기에 몸이 사시나무 떨 듯 하기도 했다.
일정 내내 식욕을 잃어 체력이 부쳤지만
산행은 무척 즐거웠다.

가는 길마다, 들르는 곳마다
몽블랑산맥이 빚어내는 자연경관이
나를 감동의 도가니에 푹 빠지게 했다.

만산을 제압하고 우뚝 솟은 몽블랑 정상,

오만가지의 바위 봉들,
만년설과 빙하,
산비탈에 잘 어우러진 초원,
맑디맑은 긴 계곡,
산 중턱에 수줍은 듯 발가벗은 호수,
바람에 하늘거리는 야생화,
인간의 발길이 뜸한 원시림,
천년의 세월에 내맡겨진 조화를 보고 느끼면서
경험한 '뚜르 두 몽블랑' 트레킹은
내 생애에 또 하나의 멋진 선물이었다.

* 히말라야 여,
대한민국에 축배를 !

몇 년 만에 고산 트래킹에 나섰다.
지구의 지붕이라 일컫는
동서로 2,500킬로미터 히말라야 산군 중간쯤에
위치한 안나푸르나 산맥을 둘러보는 코스다.

히말라야에서 8,000미터 이상 14개 봉 중에서
열 번째로 높은 안나푸르나 Ⅰ봉(8,091m)을 중심으로
7,000미터 이상 4, 5개의 눈 덮인 산의
장관을 볼 수 있다는 상상만으로도
전신에 긴장이 몰려왔다.

일반 산 꾼들이 접근할 수 있는 곳은
안나푸르나 베이스 캠프(A.B.C = 4,130m)까지다.

고소증(고지대의 산소 희박)이 염려가 되었지만
삶의 도전과 열정이 나를 부추겼다.
60년 만에 온다는 백호白虎 해를 맞아

나 범띠의 용맹을 히말라야 산 군에서
포효하고 싶었다.
어쩌면 살면서 다시는 백호를 만나지 못하리라 여겨져
산행결심을 다졌다.

히말라야 14개 봉을 완등 하여
세계 최초의 한국 여성으로 명성을 떨칠
오원선 산악인이 남은 마지막 봉이
안나푸르나 Ⅰ봉이어서 감회도 깊었다.
금년 4, 5월에 재도전하기 위해
현지에서 고소 적응훈련을 쌓고 있는 그녀를
산행 중에 만나 극적인 인사를 나누기도 했다.
한 개인의 끈질긴 도전과 성공이
자신의 성취감 이상으로
내 나라의 명성을 빛낼 수 있다면,
이 어찌 기쁜 일이 아닐까.

산길은 험악했다.
수천 미터 산봉우리들은
고개를 뒤로 젖혀야 볼 수 있었고,
쏟아지고, 깎아진 능선은
천길 계곡으로 떨어지다 치솟기도 했다.
움츠리고, 감겨지고, 겹치고, 뻗치고,

하늘을 찌르는 듯한 산세,
산허리를 돌고, 산길을 오르고 내려설 때마다
바뀌어 지는 산 경치는
가쁜 호흡에도 그저 감탄이었다.

네팔 북부 산악지역에서는
겨울과 봄을 함께 느낄 수 있었다.
2,000미터이하 지역에서는 각종 야생화가 지천이었고,
5,000미터 이상 산봉우리는 흰 눈을 덮어쓴 장관을
볼 수 있다.
안나푸르나 고산 지역에서만 자생하는
'랄리글라스'(네팔 국화)의 활짝 핀 산경은
꽃나무 천지였다.

산행 중에 만나는 셰르파와 포터 들,
간간이 순수하고 순한 산중 토착민들을 만나
'나마스떼'(안녕하세요)하고 인사를 건네면
그리 반가워할 수가 없었다.

해발이 꽤 높은 산 중턱에 띄엄띄엄 자리한
산촌 마을은 한 폭의 그림 같았지만
척박한 산비탈에 수십 계단 다랑이 밭에
밀, 감자 심어 생명줄을 대고 있는

그네들의 가난이 몹시 찡했다.
50년대 우리네 모습을 연상하게 했다.

이번 산행에서 한국최고산악인을 또 만났다.
이미 14좌를 완등하고, 새로운 루트를 개척하러 온 박영석 산악그랜드슬래머,

14좌 완등을 목표로 11좌를 완주한 김재수 산악인을
만나 우리일행과 저녁식사도 함께했다.

극한 상황 속에서도 용기를 잃지 않는 열정,
목표를 설정하고 도전하는 불굴의 투지를
닮고 싶었다.
꿈을 현실화시켜 진정한 삶의 희열을 품은
이들의 모습이 너무나 아름답고 멋졌다.

모두가 목표를 성취해서 개인의 영예와
한국의 위상을 만방에 떨쳐주기를,
마주하는 히말라야 봉우리마다 간절히 기원했다.
'히말라야 여, 안나푸르나 여,
장한 한국인을 품어다오.'

* 멀고도 먼 파타고니아 그 비경!

한국에서 비행기로 30시간,
연이어 시속 80킬로미터 자동차로 5시간을 달려
남아메리카 대륙의 최남단 칠레 지역인
작은 마을 푸에르토나탈레스에 도착했다.
여기서부터 호수, 빙하 천지인
파타코니아 트레킹이 시작되었다.

비행기에, 자동차에 시달려 몸은 녹초가 되었지만
마주할 미지의 대륙에 펼쳐질
지구가 빚은 비경을 연상하느라
마음이 설레어 정신은 말짱했다.

파타고니아는 남위 40도 아래에 있는
남미대륙의 평퍼짐한 광야를 끼고 있다,
원주민의 말로는 '큰 밭'이란 뜻이란다.

남미대륙을 내려 뻗은 거대한 안데스산맥(약 7,000km)이

칠레와 아르헨티나 국경을 물고 끝나면서 펼쳐지는
대평원은 사방 300킬로미터가 넘는다고 했다.

높고 낮은 언덕으로 연이어진 평원은
지독한 야생초 이외에 수목은
어디 한 그루도 볼 수가 없었다.
그 가운데로 뻗은 외줄 포장도로를 달리는
차창에서 내다 본 정경은
가슴을 짓누르는 무거운 침묵만이었다.

인간을 거부한 땅, 개발을 포기한 땅,
쓸모가 없는 황무지로 사막화된 땅에
사방 빙하에서 흘러든 호수가
바다를 연상케 했다.

파타고니아 트레킹의 백미인 파이네, 피츠로이,
세로토레 일대의 빙하와 호수,
눈 덮인 침봉 바위 군은
침묵 그대로의 장관이었다.
지구의 오묘한 변화가
어찌 그리도 절묘할 수 있는지
그저 놀랍고 또 놀라웠다.

끝없이 연결된 계곡에서 밀려 나온
옥색 빙하 조각이 떠 있는 그레이 호수,
깎아지른 고산 절벽에 얼어붙은 빙하에서
벼락을 치며 떨어져 내리는 눈덩이가
온 계곡을 뒤덮은 진풍경,
회오리 돌풍에 밀려 일파만파
물보라를 일으키는 에메랄드빛의 페오에 호수,
빙하호수를 끼고 우뚝 솟은
거대한 분홍빛 화강암 삼 형제봉의 위용,
30킬로미터가 넘는 모레노 빙하(세계 문화유산 등재)가
천둥소리 굉음을 내며
호수로 떨어져 내리는 드라마틱한 현장,
때 묻지 않은 순수 자연과 상어 이빨처럼 날카로운
피츠로이산(3,405m)위 바위들,
거대한 톱날 바위 협곡에 수시로
무지개가 피어오르는 세로토레의 장관 들,

이 모든 자연경관은 남극을 가까이에 둔
지구가 빚은 현란한 장면들이었다.

그레이 호수에 배를 타고 빙산의 얼음을 쪼아
칵테일을 만들어 준다기에 승선을 했는데
갑자기 호수에 돌풍이 일어 집채만 한 파도가

금방이라도 배를 집어삼킬 듯했다.
잔뜩 기대했던 빙하 칵테일은 물거품이 되고
바깥 돌풍은 72킬로그램인 체중으로
안간힘을 다해도 밀려났다.
난생처음인 매서운 바람의 위력에
전신이 덜덜 떨렸다.

남미대륙의 끝자락에 끝없이 드넓은 대지를
넘나들면서 숨바꼭질하듯
하늘높이 치솟은 바위산,
거대한 빙산,
청정 빙하 호수로
기기묘묘한 자연경관으로 둘러친 파타코니아는
세계인을 유혹하는데 부족함이 없었다.

7일간 피로함도 잊은 채
자연의 신비함에 흠뻑 안긴 추억은
두고두고 잊지 못할 것이다.

-3부 :

한반도 산행
참고 자료

한반도 전 국토가
산맥으로 연결되고 있어
계곡, 하천, 강을 건너지 않고
백두산에서 지리산을 거쳐
낙동강 하구 까지
산행할 수 있는
절묘한 산세다.

* 한반도 산줄기

한반도의 산줄기가 체계적으로 정리된 자료는
조선 광희문 발간 '산경표'山經表가 있다.
산 능선이 계곡, 하천, 강을 건너지 않고,
물이 산 능선을 건너지 않는(소위 山自分水嶺) 산줄기(산맥)를
15개 단락으로 정리하고 있다.

한국의 10대 강(압록강, 두만강, 청천강, 대동강, 예성강, 임진강, 한강, 금강, 낙동강, 섬진강)을 기준으로 하고 있다.

현재 전해지는 '산경표'는 원본이 아니고
필사본에서 편집된 것으로 알려져 있지만
편집자가 누구인지는 밝혀지지 않고 있다.

산경표의 원본이 된 것은 조선 시대 문헌비고(영조 때 제1차 편찬 '동국문헌비고' / 정조. 순조 때 제2차 편찬 '증정문헌비고' / 고종. 순종 때 제3차 편찬 '증보문헌비고') 중 '여지고輿地考' 산천山川 총설1(山經)을 근거로 하고 있다.
산천 총설1에서 한반도의 산줄기를 12종산宗山과 12종

강宗江을 기준으로 12개 단락을 짓고 있다.

. 삼각산 ~ 인왕산
. 백두산 ~ 원산
. 원산 ~ 낭림산
. 낭림산 ~ 두류산
. 두류산 ~ 분수령
. 분수령 ~ 금강산
. 금강산 ~ 오대산
. 오대산 ~ 태백산
. 태백산 ~ 속리산
. 속리산 ~ 장안산
. 장안산 ~ 지리산
. 지리산 ~ 구지봉

* **12종산** : 삼각산. 백두산. 원산. 낭림산. 두류산. 분수령. 금강산. 오대산. 태백산. 속리산. 장안산. 지리산
* **12종강** : 한강(임진강 포함). 예성강. 대진(현재의 안성천. 삽교천. 곡교천 합류). 금강. 사호강(영산강). 섬강(섬진강). 낙동강. 대동강. 청천강. 용흥강(함경남도 영흥). 압록강. 두만강

'산경표'는 한반도 산줄기를 1대간, 1정간, 13정맥으로 나누고 있다.

문헌비고 12종산 중

· 원산에서 장백정간

· 낭림산에서 청북정맥. 청남정맥

· 두류산에서 해서정맥. 임진북예성남정맥

· 분수령에서 한북정맥

· 태백산에서 낙동정맥

· 속리산에서 한남금북정맥. 한남정맥. 금북정맥

· 장안산에서 금남호남정맥. 금남정맥. 호남정맥

· 지리산에서 낙남정맥

각각 시발점이 되고 있다.

-1대간 : 백두대간白頭大幹

- 도상 거리 : 1577km
  - · 북한 쪽 : 911km
  - · 남한 쪽 : 666km

백두대간은 총 123개의 산. 봉. 치. 현으로 구성되어 있고, 그 중 61개(산 23. 봉 2. 령 33. 치 2. 현 1)가 북한쪽이고, 62개(산 36. 봉 2. 령 14. 치 6. 현 4)가 남한 쪽이다.

＊북한 쪽

· 백두산白頭山－연지봉嚥脂峰－허항령虛項嶺－보다회산寶多會山－사이봉沙伊峰－완항령緩項嶺－어은령漁隱嶺－원산圓山－마등령馬騰嶺－괘산령掛山嶺－황토령黃土嶺 －천수령天秀嶺－조가령趙哥嶺－후치령厚致嶺－향령香嶺－태백산太白山－부전령赴戰嶺－대백전산大白赤山－황초령黃草嶺 －사향산麝香山－설한령雪寒嶺－낭림산狼林山－상검산上劍山－마유산馬踰山－횡천령橫天嶺－두무산頭蕪山－애전산艾田山－철옹산鐵瓮山－오강산吳江山－운령雲嶺－우라발산亏羅鉢山－거차산巨次山－토령土嶺－장좌령莊佐嶺－대아치大峨峙－죽전령竹田嶺－기린령麒麟嶺－재령산載靈山－화여산花餘山－두류산豆流山－노동현蘆洞峴－반용산盤龍山－마은산馬恩山－노인치老人峙－박달령朴達嶺－백학산白鶴山－예운령洩雲嶺－설탄령雪呑嶺－분수령分水嶺－청하령靑霞嶺－추포령楸浦嶺－풍류산風流山－철령鐵嶺－판기령板機嶺－기죽령騎竹嶺－저유령猪踰嶺－추지령楸池嶺－판막령板幕嶺－주령酒嶺－온정령溫井嶺－금강산金剛山

＊남한 쪽

· 금강산金剛山－회전령檜田嶺－진부령珍富嶺－마기라산磨耆羅山－흘리령屹里嶺－미시파령彌時坡嶺－설악雪岳－오색령五色嶺－연수령連水嶺－조침령曹枕嶺－구룡령 九龍嶺－오대산五臺山－대관산大關山－삽당령揷當嶺－백복령百福嶺－두타산頭陀山

-청옥산靑玉山-죽현竹峴-건의령建儀嶺- 대박산大朴山-태백산太白山-수다산水多山-백병산白屛山-마아산馬兒山-곶적산串赤山-소백산小白山-죽령竹嶺-두솔산兜率山-작성산鵲城山-대미산黛眉山-계립산(령)鷄立山(嶺)-조령鳥嶺-이화현伊火峴-희양산曦陽山-주현周峴-대야산大耶山-불일산佛日山-화산華山-속리산俗離山-구봉산九峯山-봉황산鳳凰山-웅현熊峴-웅이산熊耳山-고산高山-흑운산黑雲山-추풍령秋風嶺-계방산桂榜山-황악산黃岳山-삼성산三聖山-우두산牛頭山-삼도봉 三道峰-대덕산大德山-덕유산德裕山-백암봉白巖峰-봉황산鳳凰山-육십치六十峙-장안치長安峙-본월치本月峙-백운산白雲山-기치箕峙-유치柳峙-여원치女院峙-지리산智異山

-1 정간 : 장백정간長白正幹

· 백두대간상 장백산에서 함경북도 내륙을 동북방향으로 관통하는 산줄기다.

· 장백산長白山-마유산馬踰山-거문령巨門嶺-계탕령契湯嶺-구탐령俱探嶺-차유령車踰嶺-이현梨峴-무산령茂山嶺-가응석령加應石嶺-엄명산嚴明山-녹야현鹿野峴-갈파령葛坡嶺-송진산松眞山-백악산白岳山-조산造山-서수라곶산西水羅串山

-13 정맥正脈

정맥은 백두대간이 연결된 13개다.

'산경표' 상 배열순서는 다음과 같다.
1.낙남정맥-2.청북정맥-3.청남정맥-4.해서정맥 -5임진북예성남정맥-6.한북정맥-7.낙동정맥- 8.한남금북정맥 -9.한남정맥-10.금북정맥-11.금남호남정맥-12.금남정맥 -13.호남정맥

북한 4개

1. **청북**清北**정맥**〈청천강북쪽〉: 낭림산狼林山 → 미곶산彌串山
2. **청남**清南**정맥**〈청천강 남쪽〉: 낭림산狼林山 →광량진廣梁鎭
3. **해서**海西**정맥** : 발은치勃隱峙 → 해옹지험醢甕之險
4. **임진북예성남**臨津北禮成南**정맥**〈임진강북쪽. 예성강남쪽〉: 개련산開蓮山 → 풍덕치豊德治

남한 9개

1. **한북**漢北**정맥**〈한강북쪽〉: 한북정맥이 현재 국토가 남북으로 분단되고 있다.

- **북한쪽** : 분수령分水嶺 - 천산泉山 - 쌍령雙嶺 - 전천산箭川山 - 수우산水于山 - 여파산餘破山 - 오갑산五甲山 - 충현산忠峴山 - 불정산佛頂山 -대성산大成山

• **남한쪽** : 백운산白雲山 - 망국산望國山 - 운악산雲岳山 - 주엽산注葉山 - 축석현祝石峴 - 불곡산佛谷山 - 홍복산弘福山 - 도봉道峯 - 삼각산三角山 - 노고산老姑山 - 려산礪山 - 견달산見達山 - 고봉산高峰山 - 장명산長命山

2. **낙동**洛東**정맥**〈낙동강동쪽〉 : 태백산太白山 - 유치楡峙 - 마읍산麻邑山 - 말흔산末欣山 - 백병산白屛山 - 고초산高草山 - 검마산劒磨山 - 백령산白嶺山 - 덕현德峴 - 서읍령西揖嶺 - 용두산龍頭山 - 임물현林勿峴 - 죽현竹峴 - 주방산周方山 - 어화산於火山 - 보현산普賢山 - 응봉鷹峯 - 육현六峴 - 성현成峴 - 무학산舞鶴山 - 주사산朱砂山 - 사룡산四龍山 - 지화산只火山 - 단석산 斷石山 - 운문산雲門山 - 가지산迦智山 - 천화산穿火山 - 취서산鷲栖山 - 원적산圓寂山 - 금정산金井山 - 화지산花池山 - 엄광산嚴光山 - 몰운대沒雲臺

3. **한남금북**漢南錦北**정맥**〈한강남쪽. 금강북쪽〉 : 속리산俗離山 - 회유치回踰峙 - 구치龜峙 - 연치燕峙 - 피반령皮盤嶺 - 선도산仙到山 - 거죽령巨竹嶺 - 상령산上嶺山 - 상당산上黨山 - 분치粉峙 - 좌구산坐龜山 - 보광산普光山 - 봉학산鳳鶴山 - 증산甑山 - 마곡산麻谷山 - 보현산普賢山 - 소속리산小俗離山 - 망이산望夷山 - 주걸산周傑山 - 칠현산七賢山

4. **한남**漢南**정맥**〈한강남쪽〉 : 백운산白雲山 - 구봉산九峯山 - 대소곡돈현大小曲頓峴 - 성륜산聖倫山 - 수유산水踰山 - 부아산負兒山

- 보개산寶蓋山 - 석성산石城山 - 객망현客望峴 - 광교산光敎山
- 사근현沙斤峴 - 오봉산五峰山 - 수리산修理山 - 오자산五子山
- 소래산蘇來山-성현星峴-주안산 朱安山-원적산元積山-경명산鏡明山
- 북성산北城山-가현산歌絃山 -약산藥山-문수산文殊山

5. **금북**錦北**정맥**〈금강북쪽〉: 칠현산七賢山-청룡산靑龍山-성거산聖居山
- 망일치望日峙-월조산月照山-의랑치義郎峙-차령車嶺-쌍령雙嶺
- 광덕산廣德山-각흘치角屹峙-송악松岳-납운치納雲峙-차유령車踰嶺
- 사자산獅子山-우산牛山-구봉산九峯山-백월산白月山-성태산星台山
- 조서산鳥栖山-보개산寶蓋山-월산月山-수덕산修德山-가야산伽倻山
- 성국산聖國山 - 팔봉산八峰山 - 백화산白華山 - 지령산知靈山
- 안흥진安興鎭

6. **금남호남**錦南湖南**정맥**〈금강과 섬진강의 분수령〉: 장안산長安山
- 노치蘆峙-수분현水分峴 -성적산聖跡山 -팔공산八公山-성수산聖壽山
- 중대산中臺山-마이산馬耳山-주화산珠華山

7. **금남**錦南**정맥**〈금강남쪽〉: 마이산馬耳山 -주줄산珠崒山 -왕사봉王師峰
- 병산屛山 -탄현炭峴 -이치梨峙 -대둔산大芚山 -두솔산兜率山
- 황령黃嶺 -개태산開泰山 -계룡산鷄龍山 -판치板峙 -망월산望月山
- 부소산扶蘇山 -조룡산釣龍山

8. **호남**湖南**정맥** : 마이산馬耳山-웅치熊峙-사자산獅子山-백운산白雲山

- 정각산 正覺山 - 유치鍮峙 - 색장치塞墻峙 - 운남치雲南峙 - 묵방산墨方山
- 운주산雲住山 - 굴치屈峙 - 칠보산七寶山 - 둔월치屯月峙 - 갈치葛峙
- 내장산內藏山 - 백암산白巖山 - 곡도치曲道峙 - 멸치滅峙 - 추월치秋月峙
- 용천치龍泉峙 - 금성산金城山 - 과실산果實山 - 옥천산玉泉山
- 만덕산萬德山 - 무등산無等山 - 경산景山 - 구봉산九峯山 - 천운산天雲山
- 중조산中條山 - 여점산呂岾山 - 화악산華岳山 - 용두산龍頭山
- 억불산億佛山 - 사자산獅子山 - 가야산伽倻山 - 주월산舟越山
- 금화산金華山 - 노주산路周山 - 금전산金錢山 - 분계치分界峙
- 조계산曹溪山 - 동리산洞裏山 - 송현松峴 - 계족산鷄足山 - 두솔산兜率山
- 백운산白雲山

9. **낙남**洛南**정맥**〈낙동강남쪽〉 : 지리산智異山 - 취령鷲嶺 - 황치黃峙
- 옥산玉山 - 소곡산素谷山(곤양) - 옥녀산玉女山 - 망진산望晉山
- 팔음산八音山(사천) - 천금산千金山(사천) - 무량산無量山(고성)
- 여항산餘航山(함안) - 광려산匡廬山(함안) - 두척산斗尺山(마산)
- 청룡산靑龍山(칠원) - 구룡산九龍山(칠원) - 전단산旃檀山 - 불모산佛母山(창원)
- 구지산龜旨山(김해) - 분산盆山(김해)

* 괄호 안 지명은 해당 산의 소재지이다. 지명이 명시되지 않은 것은 해당 산의 위치가 고증되지 않은 것이다.

조선광문회본 산경표(편찬자 미상)의 서문은 시사하는 바가 많다.

〈서문〉

동방(우리나라)의 지리지를 살펴보면 산을 논한 것은 많지만 심히 산만하고 계통이 서 있지 않음을 지적하게 된다. 오직 신경준이 지은 '여지고'의 산경만이 그 줄기와 갈래의 내력을 제대로 나타내고 있다. 높이 솟아 어느 산을 이루고 비껴가다가 어느 고개에 이르고, 굽이돌아 어느 고을을 둘러싸는지를 상세하게 싣고 있어 그야말로 산의 근원을 밝힌 표라고 할만하다.

이 '산경표'는 산경을 바탕으로 삼고 옆에 이수를 부기하고 있어 이를 펼치면 모든 구역의 경계를 마치 손바닥 위에 올려놓은 듯 한눈에 알아볼 수 있다.

이 '산경표'는 그 원전이 되는 산경에 금상첨화일 뿐만 아니라 실로 지리 연구가의 지침서가 될 만하다.

〈본문〉

撰者未考

窃考東方地志論山者類多摘拔其尤散亂無統惟與地考申景濬所撰山經直叙幹波來歷高起爲某嶽横馳爲某嶺回抱爲某治無不詳載寔爲導山之祖是表也以山經爲綱而旁附里數目而張之全區界境曉然爲指掌非但爲原經之錦花實爲地理家之一指南云爾

대간. 정간. 정맥과 관련된 한반도 10대강

*** 북한**

1. 압록강803km : 양강도. 자강도. 평안북도 ↔ 중국 경계
2. 두만강547.8km : 양강도. 함경북도 ↔ 중국경계
3. 대동강450.3km : 평안남도. 황해남도 ↔ 황해
4. 청천강199km : 평안북도. 평안남도 ↔ 황해
5. 예성강187.4km : 황해북도. 황해남도 ↔ 황해

*** 남한**

6. 낙동강525km : 강원 태백 황지 ↔ 부산 강서 명지 낙동강 하구둑
7. 한강481.7km : 강원 정선 북평 오대천 합류점 ↔ 경기 김포 월곶 용강리 유도
8. 금강401km : 전북 장수 용계리↔충남 서천 마서 금강 하구둑
9. 임진강272.4km : 경기 연천 왕징 →휴전선 →경기 파주 탄현 한강 합류점
10. 섬진강212.3km : 전북 진안 백운 반송리 ↔ 경남 하동 금남갈도 삼각점

* 전국 1000m 이상 산행하기 좋은 산(봉)

*산山(높이 순)

- 남한에는 2000m 이상 높은 산이 없다.

1. 백두산白頭山(2750m-함북) -민족의 영산 백두대간 시발
2. 한라산漢拏山(1950m-제주) -남한에서 제일 높은 영산
3. 지리산智異山(1915m-경남 산청) -민족 영산 백두대간 종점
4. 설악산雪嶽山(1707m-강원 양양) -웅장 신비 남한 제일
5. 덕유산德裕山(1614m-전북 무주) -33비경 간직, 사철이 절경
6. 계방산桂芳山(1577.4m-강원 홍천) -늦봄까지 설경
7. 함백산咸白山(1572.3m-강원 정선) -야생화 지천인 천연꽃밭
8. 오대산五臺山(1563.4m-강원 평창) -천년 수령 원시림 일품
9. 가리왕산加里旺山(1561.8m-강원 평창) -첩첩산중의 산
10. 태백산太白山(1560.6m-강원 태백) -늠름한 남성미 일품
11. 남덕유산南德裕山(1507.4m-전북 장수) -겨울 설경이 빼어남
12. 소계방산小桂芳山(1490.3m-강원 홍천) -산 짐승 야생화 천지
13. 화악산華岳山(1468.3m-경기 가평) -태고의 큰골계곡 즐비
14. 발왕산發旺山(1458m-강원 평창) 사방 조망이 빼어남
15. 방태산芳台山(1443.7m-강원 인제) -태고의 자연미 간직

16. 소백산小白山(1439.5m-충북 단양) -원시림, 계곡,폭포가 장관
17. 동대산東臺山(1434m-강원 홍천) -백두대간의 능선이 우람
18. 가야산伽倻山(1430m-경남 합천) -산세와 바위능선이 절경
19. 점봉산點鳳山(1424.2m-강원 양양) -남설악의 중심 산
20. 상원산上院山(1421.4m-강원 정선) -곳곳에 진달래 군락지
21. 장산壯山(1408.8m-강원 영월) -사방 조망과 고산이 둘러침
22. 황병산黃柄山(1407m-강원 강릉) -울창한 원시림을 간직
23. 청옥산青玉山(1403.7m-강원 삼척) -무릉계곡산수 아름다움
24. 백석산白石山(1364.6m-강원 평창) -정상에 흰 바위. 기암절벽
25. 응복산鷹伏山(1359.6m-강원 홍천) -수림, 산죽이 풍성
26. 삼신산三神山(1354.8m-경남 하동) -지리산 능선 조망
27. 두타산頭陀山(1353m-강원 삼척) -산, 계곡, 바다 조망
28. 금원산金猿山(1352.5m-경남 거창) -암능, 억새, 조망
29. 백덕산白德山(1348.9m-강원 평창) -설경, 기암괴석, 조망
30. 기백산箕白山(1330m-경남 거창) -정상 바위봉우리가 일품
31. 노추산魯鄒山(1322m-강원 강릉) -한적한 신비감
32. 수도산修道山(1317.1m-경북 김천) -조망이 빼어난 산
33. 대덕산大德山(1310.2m-강원 태백) -남한강의 발원지(금대봉).
34. 치악산雉岳山(1282m-강원 횡성) -희기식물, 젊은 암산
35. 백운산白雲山(1278.6m-경남 함양) -지리산 주능선의 전망
36. 매봉산每峰山(1271.6m-강원 영월) -병풍 같은 암봉
37. 명지산明智山(1267m-경기 가평) -설경, 청정계곡
38. 삼정산三丁山(1261m-경남 함양) -지리산 능선 전망

39. 태기산泰岐山(1258.8m-강원 횡성) -석축 산성
40. 삼봉산三峰山(1254m-경남 거창) -암봉이 어우러진 전망
41. 잠두산蠶頭山(1243.2m-강원 평창) -산죽,억새,콩제비꽃지대
42. 민주지산岷周之山(1241.7m-충북 영동) -덕유산 조망 일품
43. 가지산加智山(1241m-울산 상북) -영남 알프스의 연산
44. 고루포기산(1238.3m-강원 평창) -설령이 아름다운 산
45. 장안산長安山(1236.9m-전북 장수) - 호남정맥 시발 산
46. 일월산日月山(1219m-경북 영양) -산세가 웅장한 육산
47. 백운산白雲山(1216.8m-전남 광양) -지리산,섬진강.광양만조망
48. 단풍산丹楓山(1215m-강원 영월) -기암. 절벽. 단풍 절경
49. 각호산角虎山(1207-충북 영동) -정상 2개 암봉. 청정 산
50. 사명산四明山(1198.6m-강원 화천) -소양호 파로호 조망
51. 팔공산八公山(1192.9m-대구 동구) -암릉 연결 장대
52. 황석산黃石山(1190m-경남 함양) -암릉과 억새 어울림
53. 재약산載藥山(1189m-경남 밀양) -억새 군락이 장관인 산
54. 운문산雲門山(1188m-경북 청도) - 영남 알프스의 연결 산
55. 무등산無等山(1186.8m-광주 동구) - 기암괴석이 절묘한 산
56. 삼봉산三峰山(1186.7m-경남 함양) - 지리산 조망 일품
57. 거망산擧網山(1184m-경남 함양) - 1000m 이상 산군 능선
58. 사달산(1182m-강원 정선) -정선선 철도 종착지에서 연결
59. 금당산錦塘山(1174m-강원 평창) -수림, 바위, 산죽 풍성
60. 거문산巨文山(1173m-강원 평창) -남북으로 평창강
61. 사자산獅子山(1160m-강원 영월) -전설간직(적멸보궁법흥사)

62. 신불산神佛山(1159.3m-경남 양산) -전망이 뛰어난 산
63. 용문산龍門山(1157m-경기 양평) -사방 조망 일품
64. 석룡산石龍山(1155m-경기 가평) -심산유곡 산
65. 덕태산德泰山(1155m-전북 진안) -아름다운 계곡, 수림
66. 복주산伏主山(1151.9m-강원 화천) -휴전선 최접근
67. 팔공산八公山(1151m-전북 장수) -금남 호남정맥 시작 산
68. 석화산石花山(1146m-강원 홍천) -기암, 노송, 단풍이 절경
69. 해산日山(1145m-강원 화천) -휴전선이 가까운 오지의 산
70 선각산仙角山(1142m-전북 진안) -울창한 수림 계곡 수려
71. 비계산飛鷄山(1130m-경남 거창) -암봉, 암릉, 기암 바위산
72. 보현산普賢山(1126.4m-경북 영천) -수림이 울창한 조망 산
73. 덕고산德高山(1125m-강원 횡성) -거목이 울창, 산죽지대
74. 운장산雲長山(1125m-전북 진안) -조망 금남정맥의 제일봉
75. 재약산載藥山(1189m-경남 밀양) -광활한 초원지대
76. 민둥산(1118.8m-강원 정선) -억새풀 풍경
77. 지억산芝億山(1116.7m-강원 정선) -억새와 야생화 장관
78. 대미산黛眉山(1115m-경북 문경) -야생화 철쭉 장관
79. 황매산黃梅山(1113m- 경남 합천) -합천호, 사방조망
80. 황악산黃岳山(1111.4m-경북 김천) -산세, 계곡 경관이 수려
81. 주흘산主屹山(1106m-경북 문경) -웅장한 산세, 가을 단풍
82. 개이빨산(1102m-경기 가평) -8개의 암봉 수려
83. 백암산白岩山(1099.1m-강원 홍천) -사철수량풍부 폭포장관
84. 운달산雲達山(1097.2m-경북 문경) -산세가 묵직한 육산

85. 월악산月岳山(1092m-충북 제천) -기암괴석 암릉산
86. 백운산白雲山(1085.7m-강원 원주) -자연이 잘 간직된 심산
87. 비슬산琵瑟山(1083.6m- 대구 달성) -진달래, 암벽의 비경
88. 간월산肝月山(1083m-경남 양산) -영남의 알프스 연산
89. 지각산智覺山(1081m-강원 삼척) -동면 험준암산, 서면육산
90. 영축산(1081m-경남 양산) -통도사 뒷산. 일명 취서산鷲捿山
91. 작성산鵲城山(1077.3m-경북 문경) -능선 우람 일명 황장산
92. 덕항산德項山(1072.5m-강원 삼척) -산 주변 민속 유물
93. 연인산戀人山(1068.2m-경기 가평) -철쭉이 아름다운 산
94. 백화산白華山(1063.5m-충북 괴산) -백두대간 한 곡점
95. 속리산俗離山(1057.7m-충북 보은) -기암, 수림 울창
96. 석병산石屛山(1055.3m-강원 강릉) -정상암봉.동해바다 조망
97. 복계산福桂山(1054m-경기 철원) -전망트이고 수림이 울창
98. 마대산馬岱山(1052.2m-강원 영월) -계곡 물 오지의 명산
99. 가리산加里山(1050.7m-강원 홍천) -거대 암봉. 소양호 조망
100. 광덕산廣德山(1046.3m-경기 포천) -오색단풍, 설경 절경
101. 선바위산(1042m-강원 영월) -노송과 바위가 어우러짐
102. 적상산赤裳山(1038m-전북 무주) -층암절벽, 단풍 일품
103. 태화산太華山(1027m-강원 영월) -수림 울창. 남한강 조망
104. 조령산鳥嶺山(1026m-경북 문경) -대소 암봉 암벽지대
105. 봉복산鳳腹山(1022m_강원 횡성) -오염되지 않은 자연
106. 조령산鳥嶺山(1017m-경북 문경) -지형이 험준한 바위산
107. 금수산錦繡山(1015.8m-충북 제천) -충주호 조망 여인상

108. 문복산文福山(1013.5m-경북 청도) -주변 계곡이 아름다움
109. 민둥산(1009m-경기 가평) -한북정맥 연산 억새가 장관
110. 백암산白岩山(1003.5m-경북 울진) -계곡, 폭포, 바위 장관
111. 구봉산九峰山(1002m-전북 진안) -9개 암봉

*** 봉峰(높이 순)**

1. 반야봉般若峰1732m(전북 남원) -지리산 10경 중 제2경 낙조
2. 가리봉加里峰1518.5m(강원 인제) -험준 암봉 연속, 원시림
3. 두위봉斗圍峰1465.9m(강원 정선) -첩첩산중. 철쭉군락지
4. 노인봉老人峰1338.1m(강원 강릉) -소금강 계곡 명산
5. 회령봉會靈峰1331m(강원 평창) -정겹고 부드러운 육산
6. 보래봉寶來峰1324.3m(강원 평창) -넓은 능선. 야생화천지
7. 도솔봉1314m(충북 단양) -바위.억새.철쭉장관. 소백산 조망
8. 만월봉滿月峰1280.9m(강원 홍천) -산나물 지천 오지
9. 가칠봉柯七峰1240.4m(강원 홍천) -삼봉약수로 유명한 오지
10. 갈전곡봉葛田谷峰1204m(강원 홍천) -산죽능선백두대간 고산
11. 조봉祖峰1182.3m(강원 양양) -산세 수려. 조망일품
12. 남대봉南臺峰1182m-강원 원주) -산맥이 우람한 호젓한 산
13. 삼도봉三道峰1177m(충북 영동) -화합탑이 있는 3도 경계
14. 국망봉國望峰1167.2m(경기 포천) -희귀 야생초군락지
15. 능경봉陵景峰1123.2m(강원 평창) -적설량이 많은 넓은 토봉
16. 성제봉聖帝峰1115.5m(경남 하동) -노송.기암.반석.억새.철쭉
17. 수덕바위봉1115m(경기 가평) -청정 오지의 연이은 능선

18. 웅석봉熊石峰1099m(경남 산청) -산세 웅장 정상조망이 탁월
19. 매봉1093.1m(강원 원주) -때 묻지 않은 한적한 산
20. 천지봉1085.7m(강원 원주) -능선 험하고 암봉 전망 좋음
21. 남산제1봉1054m(경남 합천) -천개 불상 기암 즐비
22. 귀목봉1036m(경기 가평) -사방조망이 장쾌한 산
23. 회목봉繪木峰1025.8m(강원 화천) -능선 굴곡다양 사방 조망
24. 상해봉上海峰1024m(강원 철원) -쌍암봉 우뚝 솟은 조망
25. 수리봉守理峰1019m(충북 단양) -암봉.암릉.기암. 노송 절경

* 테마 별 전국 명산

* 유명 '악산'岳山

산 이름에 岳<嶽>자가 있으면
규모의 차이는 있지만
바위가 절묘하게 자리 잡고 있다.
바위산은 기氣가 충만하고
경관이 아름답다.

1. 설악산雪嶽山 1707.9m : 강원 인제. 속초. 양양
2. 화악산華岳山 〈중봉1450m. 상봉1468.3m〉경기 가평 북면
3. 치악산雉岳山 1282m : 강원 원주. 횡성 안흥
4. 황악산黃岳山 1111.4m : 경북 김천 대항 .충북 영동
5. 월악산月岳山 1092m : 충북 제천 한수 . 덕산
6. 화악산華岳山〈신선봉 1021m〉: 강원 춘천 사북
7. 감악산紺岳山 954m : 강원 원주 신림. 충북 제천
8. 감악산甘岳山 951m : 경남 거창 남상. 신원
9. 운악산雲岳山 945m : 경기 가평 하면. 포천 화현

10. 화악산華岳山 930.4m : 경북 청도 .경남 밀양 청도
11. 황악산横岳山 911m : 경북 봉화 소천
12. 백악산百岳山 856m : 경북 상주 화북 .충북 괴산 청천
13. 모악산母岳山 793.5m : 전북 김제. 완주 .전주
14. 함악산含岳山 750m : 전북 완주 동상. 운주. 진안군
15. 두악산斗岳山 732m : 충북 단양 단성
16. 노악산露嶽山 725.7m : 경북 상주 내서. 외서
17. 감악산紺岳山 674.9m : 경기 파주 적성. 양주 남면
18. 삼악산三岳山 654m : 강원 춘천 서면
19. 관악산冠岳山 629.9m : 서울 관악. 경기 과천. 안양
20. 풍악산楓岳山 603m : 전북 남원 대산. 순창 금서

* 진달래가 아름다운 산

1. 비슬산琵瑟山 1083.6m : 대구달성 유가
2. 무학산舞鶴山 761.6m : 경남마산 합포 교방
3. 화왕산火王山 758m : 경남창녕 -고암
4. 천관산天冠山 723.9m : 전남장흥 관산-대덕
5. 마니산摩尼山 639.8m : 충북영동 양상 죽산
6. 천주산天柱山 639m : 경남창원 의창 소계
7. 칠갑산七甲山 560m : 충남청양 대치-정산
8. 진례산進禮山 510m : 전남여수 호명-중흥
9. 대금산大錦山 438m : 경남거제 연초-장목
10. 고려산高麗山 436.3m : 경기 강화 내가. 하점

* 철쭉이 아름다운 산

1. 한라산漢拏山 1950.1m : 제주북제주. 남제주서귀포
2. 지리산智異山 1915.4m : 남원. 구례. 함양. 산청. 하동
3. 설악산雪嶽山 1707.9m : 강원인제. 양양.속초
4. 덕유산德裕山 1610.6m :전북무주적상.장수경북.경남거창북상
5. 태백산太白山 1567m : 강원태백 소도-혈동-문곡-금천
6. 오대산五臺山 1563.4m : 강원평창 진부. 용평 홍천내면
7. 소백산小白山 1439.5m :충북단양 가곡.영춘. 경북영주 풍기,
8. 바래봉 1168m : 전북남원 운봉, 산내
9. 봉화산峰火山 920m :전북남원아영.장수번암.경남함양백전
10. 제암산帝岩山 807m : 전남장흥 장동, 안양. 보성 웅치

* 계곡이 아름다운 산

1. 지리산智異山 1915.4m :칠선계곡. 뱀사골.피아골.백무동.
2. 설악산雪嶽山 1707.9m : 천불동.12선녀.백담사계곡.주전골
3. 응복산鷹伏山 1359.6m : 강원양양 현북 -미천골
4. 두타산頭陀山 1355.2m : -무릉계곡
5. 백운산白雲山 1278.6m : 경남함양. 전북장수 -백운계곡
6. 연인산戀人山 1068.2m : 경기가평 -용추계곡
7. 통고산通高山 1067m : 경북 울진 서면 -불영계곡
8. 응봉산應峰山 998.5m: 경북울진. 강원삼척. -용소골
9. 대야산大耶山 930.7m : 경북문경 -선유계곡
10. 도명산道明山 650m : 충북괴산 -화양계곡

* 바위가 아름다운 산

1. 설악산雪嶽山 1707.9m : 강원인제. 양양. 속초.고성
2. 지리산智異山 만복대1438m : 전남남원 주천, 산내.
3. 팔공산八公山(대구)1155m : 대구. 경북영천
4. 치악산雉岳山 향로봉1041.4m : 강원원주 판부. 횡성강림
5. 북한산北漢山 937m : 서울. 경기고양
6. 대둔산大芚山 878.9m : 충남금산.
7. 월출산月出山 809.5m : 전남영암. 강진
8. 도봉산道峰山 740m : 서울. 경기 의정부. 양주
9. 주왕산周王山 720.6m : 경북청송. 영덕
10. 팔영산八影山 606.7m : 전남고흥

* 억새가 아름다운 산

1. 지리산智異山 만복대 1438m : 전남구례 산동
2. 황석산黃石山 1190m : 경남함양 안의
3. 재약산載藥山 1189m : 울산울주. 경남밀양 단장
4. 신불산神佛山 1159.3m : 경남양산 하북. 울산울주
5. 민둥산 1118.8m : 강원정선 남면
6. 치악산雉岳山 향로봉1041.4m : 강원원주 판부. 횡성 강림
7. 명성산鳴聲山 921.7m : 경기포천 이동. 강원철원
8. 오서산烏棲山 790.7m : 충남보령 청소. 홍성광천
9. 화왕산火王山 758m : 경남창녕
10. 천관산天冠山 723.9m : 전남장흥 관산

* 단풍이 아름다운 산

1. 지리산智異山 1915.4m : 전북남원. 전남구례. 경남하동. 함양. 산청
2. 설악산雪嶽山 1707.9m : 강원인제. 양양. 속초. 고성
3. 오대산五臺山 1563.4m : 강원평창 진부
4. 가야산伽倻山 1430m : 경남합천 가야. 경북성주
5. 치악산雉岳山 1282m : 강원횡성
6. 적상산赤裳山 1038m : 전북무주
7. 화악산華岳山 1021m : 경기가평. 강원화천
8. 운악산雲岳山 945m : 경기가평 하면. 포천 화현
9. 내장산內藏山 763.2m : 전북정읍. 순창. 전남장성
10. 소요산消遙山 587m : 경기동두천. 포천 신북

* 설경이 아름다운 산

1. 한라산漢拏山1950.1m : 제주도
2. 설악산雪嶽山1707.9m : 강원인제. 속초 . 양양
3. 덕유산德裕山1610.6m : 전북무주설천. 안성
4. 태백산太白山1567m : 강원태백시
5. 오대산五臺山1563.4m : 강원평창 진부. 홍천내면
6. 소백산小白山1439.5m : 경북영주. 충북단양
7. 백덕산白德山1,348.9m : 강원평창 방림면. 영월
8. 치악산稚岳山1282m : 강원원주. 횡성안홍
9. 무등산無等山1186.8m : 광주동구. 전남 화순
10. 선자령仙子嶺1157.1m : 강원평창 도암. 강릉시

* 전국 100대 명산
-산림청 선정-

*한국 100대 명산의 지정 경위

· 100대 명산은 2002년 '세계 산의 해'를 기념하고 산의 가치와 중요성을 새롭게 인식하기 위해 그해 10월 산림청에서 선정 공포

• **선정 과정** : 학계, 산악계, 언론계 등 13명의 전문가로 구성된 선정위원회가 지방자치단체를 통해 추천받은 105개 산과 산악회 및 산악전문지가 추천하는 산, 인터넷 사이트를 통해 선호도가 높은 산을 대상으로 산의 역사, 문화성, 접근성, 선호도, 규모, 생태계 특성 등 5개 항목에 가중치를 부여하여 심사 후 선정

*시도별 대상(***국립공원 **도립공원 *군립공원)

• 서울

1. 북한산北漢山837m*** : 서울도봉, 은평. 경기고양 신도읍

2. 도봉산道峰山740m : 서울도봉. 경기의정부. 양주 장흥면
3. 관악산冠岳山629m : 서울관악. 금천. 경기과천, 안양

• 인천

1. 마니산摩尼山469m : 인천강화 화도면

• 경기

1. 화악산華岳山1,468m : 경기가평 북면. 강원화천 사내면
2. 명지산明智山1,267m* : 경기가평 북면, 하면
3. 용문산龍門山1,157m : 경기양평 용문면
4. 운악산雲岳山936m : 경기가평 하면. 포천 내촌면
5. 명성산鳴聲山923m : 경기포천 이동면. 강원철원 갈말읍
6. 백운산白雲山904m : 경기포천 이동면. 강원화천 사내면
7. 축령산祝靈山879m : 경기남양주 수동면. 가평 상면
8. 유명산有明山862m : 경기가평 설악면. 양평 옥천면
9. 천마산天摩山812m* : 경기남양주 화도읍. 가곡리.
10. 감악산紺岳山675m : 경기파주 적성면. 양주 남면
11. 소요산消遙山559m : 경기동두천, 포천 청산면

• 강원

1. 설악산雪嶽山1,708m*** : 강원 속초. 인제. 양양
2. 계방산桂芳山1,577m : 강원홍천 내면. 평창 진부면
3. 태백산太白山1,567m** : 강원태백. 경북봉화 석포면

4. 오대산五臺山1,563m*** : 강원홍천. 평창 진부면, 도암면
5. 가리왕산加里旺山1,561m : 강원정선 북면. 평창진부면
6. 방태산芳台山1,436m : 강원인제
7. 점봉산點鳳山1,424m : 강원인제, 기린면. 양양 양양읍
8. 두타산頭陀山1,353m : 강원 동해시. 삼척 미로면, 하장면
9. 백덕산白德山1,350m : 강원평창 방림면. 영월 수주면
10. 대암산大岩山1,304m : 강원양구 동면, 해안면. 인제 서화면
11. 치악산雉岳山1,288m*** : 강원원주. 횡성 우천
12. 덕항산德項山1,071m : 강원삼척 하장면, 신기면
13. 가리산加里山1,051m : 강원홍천 두촌면, 화촌면
14. 태화산太華山1,027m : 강원영월
15. 응봉산鷹峰山999m : 강원삼척 가곡면. 경북울진 북면
16. 공작산孔雀山887m : 강원홍천 화촌면
17. 백운산白雲山883m : 강원정선 신동읍. 평창 미탄면
18. 용화산龍華山878m : 강원춘천 사북면. 화천 간동면
19. 오봉산五峰山779m : 강원춘천 북산면. 화천 간동면
20. 삼악산三岳山645m : 강원 춘천 서면
21. 팔봉산八峰山302m : 강원홍천 서면

• 충북

1. 소백산小白山1,439m*** : 충북단양. 경북영주
2. 민주시산岷周之山1,242m : 충북영동용화.경북김천. 전북무주
3. 월악산月岳山1,094m*** : 충북제천 한수면, 덕산면

4. 속리산俗離山1,057m*** : 충북보은 내속리. 경북상주 화북
5. 금수산錦繡山1,016m : 충북제천 수산면. 단양 적성면
6. 희양산曦陽山999m : 충북괴산 연풍면. 경북문경 가은
7. 도락산道樂山964m : 충북 단양읍, 대강면
8. 대야산大耶山931m : 충북괴산 청천면. 경북문경 가은읍
9. 구병산九屛山876m : 충북보은 내.외속리, 마로면
10. 천태산天台山715m : 충북영동. 충남금산

• 충남

1. 서대산西大山904m : 충남금산 추부, 군북. 충북옥천 군서
2. 대둔산大芚山878m** : 충남금산, 논산. 전북완주
3. 계룡산鷄龍山845m*** : 충남공주 반포 계룡면. 논산
4. 칠갑산七甲山561m** : 충남청양 대치, 정산, 적곡면
5. 덕숭산德崇山495m** : 충남예산 덕산면

• 전북

1. 덕유산德裕山1,614m*** ; 전북무주,장수. 경남거창. 함양
2. 장안산長安山1,237m* : 전북장수
3. 운장산雲長山1,120m : 전북진안 주천 부귀, 완주 동상
4. 적상산赤裳山1,034m : 전북무주 적상면
5. 모악산母岳山794m** : 전북김제 금산면. 완주 구이면
6. 내장산內藏山763m*** : 전북정읍. 순창 복흥면. 전남장성
7. 방장산方丈山742m : 전북정읍, 고창. 전남장성

8. 마이산馬耳山685m** : 전북진안읍, 마령면
9. 강천산剛泉山584m* : 전북순창 북흥면. 전남담양 용면
10. 변 산邊 山508m : 전북부안
11. 선운산禪雲山336m** : 전북고창

- **광주**

1. 무등산無等山1,187m** : 광주. 전남담양 남면, 화순 이서

- **전남**

1. 백운산白雲山1,218m : 전남광양 옥룡면, 진산면
2. 조계산曹溪山884m** : 전남순천, 승주, 송광면, 주암면
3. 월출산月出山809m*** : 전남영암 군서 학산. 강진 성전면
4. 백암산白岩山741m : 전남장성 북하. 전북정읍. 순창 복흥
5. 추월산秋月山731m : 전남담양 용면. 전북순창 북흥면
6. 천관산天冠山723m** : 전남장흥 관산읍, 대덕읍
7. 두륜산頭輪山700m** : 전남해남 삼산, 현산, 북평, 옥천면
8. 팔영산八影上609m** : 전남고흥 정암면
9. 싯대봉368m : 전남신안 흑산면 홍노

- **대구**

1. 팔공산八公山1,193m** : 대구동구. 경산. 영천. 군위

• 경북

1. 운문산雲門山1,188m : 경북청도운문.경남밀양산내.울산울주
2. 황악산黃岳山1,111m : 경북김천 대항 .충북영동 매곡, 상촌
3. 주흘산主屹山1,106m : 경북문경 문경읍
4. 비슬산琵瑟山1,084m : 대구달성 옥포 유가'청도 각북면
5. 황장산黃腸山1,077m : 경북문경
6. 성인봉聖人峰984m : 경북울릉도
7. 금오산金烏山977m** : 경북구미. 김천 남면. 칠곡 북삼면
8. 청량산淸涼山870m** : 경북봉화 재산면, 명호면
9. 주왕산周王山721m*** : 경북청송 부동면
10. 내연산內延山710m* : 경북포항. 영덕 남정면
11. 남 산南 山494m : 경북경주

• 부산

1. 금정산金井山802m : 부산북구. 동래구. 경남양산 동면

• 울산

1. 신불산神佛山1,209m : 울산 울주 상북면, 삼남면

• 경남

1. 지리산智異山1,915m***: 경남함양,산청, 전남구례. 전북남원
2. 가야산伽倻山1,430m*** : 경남합천, 거창. 경북 성주
3. 가지산加智山1,240m** : 경남밀양. 울산울주. 경북청도

4. 황석산黃石山1,190m : 경남거창. 함양

5. 재약산載藥山1189m : 경남밀양 단장면

6. 황매산黃梅山1,108m** : 경남합천 가회면, 대병면

7. 천성산千聖山812m : 경남양산 하북면, 웅상면

8. 무학산舞鶴山761m : 경남마산

9. 화왕산火王山757m** : 경남 창녕 창녕읍

10. 금 산錦 山701m : 경남남해 이동면, 삼동면

11. 연화산蓮花山528m** : 경남고성 개천면

12. 미륵산彌勒山461m : 경남통영 봉평동, 산양읍

13. 지리망산地理望山398m : 경남통영 사량면

• 제주

1. 한라산漢拏山1,950m*** : 제주도

* 전국 자연공원

자연공원은 '자연공원법'에 의해, 국립공원, 도립공원, 군립공원, 지질공원을 말한다.

국립, 도립, 군립공원은 자연생태계나 자연 및 문화경관을 대표할만한 지역으로,

• **국립공원**은 환경부장관이
• **도립공원**은 관할 도지사, 특별시장, 광역시장이
• **군립공원**은 관할 군수(시장)가 지정하고 관리한다.

• **지질공원**은 지구과학적으로 중요하고 경관이 우수한 지역으로 이를 보전하고 교육, 관광사업 등에 활용하기 위하여 환경부장관이 인정한 공원이다.

1. 국립공원

*** 대상 : 22개소(산악 17. 사적 1. 해상 2. 해안 1. 반도 1)**

1. 북한산北漢山837m – 서울 성북
2. 설악산雪嶽山1,708m – 강원 속초

3. 오대산五臺山1,563m - 강원 평창
4. 치악산雉岳山1,288m - 강원 원주
5. 태백산太白山1,567m - 강원 태백
6. 속리산俗離山1,057m - 충북 보은
7. 월악산月岳山1,094m - 충북 제천
8. 계룡산鷄龍山845m - 충남 공주
9. 내장산內藏山763m - 전북 정읍
10. 덕유산德裕山1덕유산,614m - 전북 무주
11. 무등산無等山1,187m - 광주 북구
12. 월출산月出山809m - 전남 영암
13. 소백산小白山1,439m - 경북 영주
14. 주왕산周王山721m - 경북 청송
15. 지리산智異山1,915m - 경남 산청
16. 가야산伽倻山1,430m - 경남 합천
17. 한라산漢拏山1,950m - 제주 제주

---

18. 경주 - 경북 경주
19. 한려해상 - 경남 남해
20. 태안해안 - 충남 태안
21. 다도해상 - 전남 완도
22. 변산반도 - 전북 부안

2. 도립공원

* 도립공원은 특별시. 광역시. 도 및 특별자치도의 자연생태계나 경관을 대표할 만한 지역으로서 특별시장. 광역시장. 도지사 또는 특별자치도지사가 지정한 공원

***대상 : 30개소(산악 16 . 산성 1 . 경관 13)**

1. 연인산戀人山1,068 - 경기 가평
2. 수리산修理山475m - 경기 안양
3. 칠갑산七甲山561m - 충남 청양
4. 모악산母岳山794m - 전북 김재
5. 대둔산大芚山878m - 전북 완주. 충남 논산
6. 마이산馬耳山685m - 전북 진안
7. 선운산禪雲山336m - 전북 고창
8. 조계산曹溪山884m - 전남 순천
9. 두륜산頭輪山700m - 전남 해남
10. 천관산天冠山723m - 전남 장흥
11. 불갑산佛甲山516m - 전남 영광
12. 금오산金烏山977m - 경북 구미
13. 팔공산八公山1,193m - 경북 칠곡
14. 청량산淸涼山870m - 경북 봉화
15. 가지산加智山1,240m - 울산 남구
16. 연화산蓮花山528m - 경남 고성

17. 남한산성 - 경기 광주
18. 덕산 - 충남 예산
19. 낙산 - 강원 양양
20. 문경새재 - 경북 문경
21. 경포 - 강원 강릉
22. 고복저수지 - 세종특별자치시
23. 신안갯벌 - 전남 신안
24 무안갯벌 - 전남 신안
25. 마라도해양 - 제주도 서귀포시
26. 성산일출해양 - 제주도 서귀포시
27. 서귀포해양 - 제주도 서귀포시
28. 추자해양 - 제주도 제주시
29. 우도해양 - 제주도 제주시
30. 제주곶자왈 - 제주도 서귀포시

3. 군립공원

* 군의 자연생태계나 경관을 대표할 만한 지역으로서 지정된 공원

*** 대상 : 27개소**(산악 16. 명소 11)

1. 천마산天馬山810.2m - 경기남양주시 화도읍
2. 명지산明智山1,253m - 경기가평 북면
3. 아미산峨眉山.725.4m - 강원인제 인제읍
4. 병방산兵防山860.4m - 강원정선 정선읍

5. 강천산剛泉山584m - 전북순창 팔덕면

6. 장안산長安山1,236.9m - 전북장수 장수읍

7. 비슬산琵瑟山1,083.6m - 대구달성군 옥포면

8. 운문산雲門山1,195m - 경북청도 운문면

9. 신불산神佛山1,159.3m - 울산울주 상북면, 삼남면

10. 호구산虎丘山 618m - 경남남해 이동면

11. 봉명산鳳鳴山 395.1m- 경남사천 곤양면,곤명면

12. 기백산箕白山1,350.8m - 경남함양 안의면

13 . 황매산黃梅山1,113m - 경남합천 대병면, 가회면

14 . 화왕산火王山758m - 경남창녕 창녕읍

15. 방어산防禦山 530.4m - 경남진주 지수면

16. 웅석봉熊石峰1,099.3m - 경남산청 산청읍

---

17 보경사 - 경북포항 송라면

18. 불영계곡 - 경북울진 울진읍

19. 덕구온천 - 경북울진 북면

20. 상족암 - 경남고성 하일면

21. 고소성 - 경남하동 악양면

22. 거열산성 - 경남거창 거창읍

23. 구천계곡 - 경남거제 신현읍

24. 입곡 - 경남함안 산인면

25. 제주조각 - 제주 남제주군 안덕면

26. 빙계계곡 - 경북의성 춘산면

27. 대이리 - 강원 삼척 신기면

* 산행 시 유의사항

큰 산이던 작은 산이던 산행을 할 참이면
준비와 점검이 반드시 필요하다.
그냥 무턱대고 산행을 하다가는
예상치 못한 사고를 당할 수 있다.

최소한,
자기의 건강 상태
그 산에 대한 등산정보
등산에 필요한 준비물
일기예보
숙식, 교통에 관한 점검을
반드시 해야 한다.

- 해당 지역 지도 확인
당일 산행이면 산 안내 책자로도 충분하지만
장거리 산행일 경우에는
1:25,000 또는 1:50,000 지도를 구입하여

주변 지리, 산맥의 흐름을 잘 살펴
계획을 잡아야 한다.
해당 부분을 복사하여 휴대하면 더욱 좋다.

-선행자 산행기록 챙겨 읽기
산 잡지나 관련 서적을 통하여
사전에 필요한 정보를 입수한다.
최근에는 컴퓨터에도 산행기록이 많다.
자세히 검색하면 참고가 된다.

-지리 방향 감각 익히기
지역에 대한 동서남북 방향을 알 필요가 있다.
지도, 나침판, 기능 시계 등이 도움이 되고,
조망이 되는 능선이나 봉우리에서 주변을 관찰하여
산세의 방향을 알아야 길을 잘못 들거나
만일의 경우 조난에 대비할 수 있다.

-산줄기 흐름 잘 살피기
산행을 하다보면 갈림길이 있을 때
방향 잡기가 난처한 경우가 있다.
사전 정보가 있으면 도움이 되겠지만
그러지 못한 경우에는 산줄기를 보고 판단해야 한다.
산행 중에 전망이 좋은 지점에서

산세와 산맥의 흐름을 살펴보면 도움이 된다.

- 산행은 년 중 3-5월, 9-11월이 적기.

산은 사계절 모두 특징과 매력이 있다.
언제 산행을 해도 다 좋다.
그러나 산행 목적에 따라서는 적절한 시기가 있다.
산중 야생화는 봄과 가을이 제철이다.
봄과 가을은 온 산이 연초록색과 단풍이 절경이다.

수림이 무성한 것보다는 사방이 탁 트여
조망이 좋으면 산행도 신명이 난다.

- 취식 계획

산행에서 체력이 소진되면 산행에 무리가 간다.
휴대식이냐, 매식을 할 것인지 잘 챙겨야 한다.

- 일일 산행 구간을 신중히 검토

욕심을 내거나 무리는 금물이다.
일출 일몰 시간을 신문이나 방송으로 확인한다.
만일의 경우를 대비해서
큰 산인 경우 야간 산행에 필요한
장비(전등. 비상식품. 보온장구 등)를 휴대해야 한다.
안전상 여름철(4-9월)에는 오후 다섯 시, 겨울철(11-2월)에는 오후 3시까지 하산하는 것이 가장 바람직하다.
겨울철에는 해가 지면 곧바로 어두워진다.
단독 산행일 경우에는 산행이 늦어진다.
촬영, 메모, 관찰, 길 찾기 등으로
시간이 많이 소요된다.

- 일일 산행 시발 지와 종료지점의 교통편을 사전 점검 확인
차편이 준비가 되면 문제는 없지만,
산행 출발지와 하산지점에서 차편이 연결되지 않으면 여러 가지 불편을 겪는다.
어떻게 이동할 것인가를 산행 출발 전에
충분히 점검하고 확인해야 당황하지 않는다.

- 산행 일 전후 기상상태를 반드시 확인
비 오는 날 산행은 가급적 하지 말아야 한다.
시야가 가릴 수도 있고,
체온 유지에도 문제가 생길 수 있다.
우의를 입으면 땀이 배출되지 않아 불편하다.
돌풍과 벼락도 주의해야 한다.

- 식수, 간식, 비상식품, 구급약품을 꼭 준비
· 산에 있는 샘이나 약수 정보는 참고로 하고,
마실 물은 산행 출발 전 반드시 챙겨 휴대해야 한다.

물은 생명수다. 산행 중에 땀을 많이 배출하고
수분 공급을 하지 않으면 탈수증세로
신체의 각 기능이 무너진다.
각종 음료수보다 생수가 적합하다.

· 간식은 사탕, 초콜릿, 육포, 견과류 등이 좋고,
비상식품은 정상적인 식사가 어려울 때
보충할 수 있는 식품이 필요하다.
무게를 감안해서 가급적 가벼운 것이 바람직하다.
물을 많이 요구하거나, 목구멍이 막힐 수 있는
음식은 피하는 게 좋다.

· 여름 산행을 할 경우에는 땀을 많이 흘리므로
짠 음식(짠 과자. 소금)을 준비해야 한다.

· 연고제, 지사제, 압박붕대, 근육 이완제, 파스 등이
유용하게 쓰인다.

- 여름 산행은 위험 동식물(멧돼지, 뱀, 말벌, 거미줄, 하루살이, 쇠파리, 독초 등)**을 조심**

멧돼지, 뱀, 말벌은 불시 공격에 대비하여
안전에 주의를 해야 하고,
거미줄, 하루살이, 쇠파리는

얼굴에 직접적으로 달라붙어 여간 성가시지가 않다.

- 메모지. 필기구. 고글. 카메라. 스틱. 아이젠 준비

번거로울지도 모르지만 귀찮게 여기지 말고
꼭 챙기고 가야 할 장비들이다.
준비를 하고 후회하지 않는 것이 최선의 방법이다.

- 여름 산행에도 긴 팔 셔츠. 긴 바지. 등산화 착용

여름 산은 숲이 뒤엉키고 독충. 독초가 많다.

* 산행 에티켓

산행에도 지켜야 할 예의가 있다.
혼자 산행이든 여러 명이든
자연을 사랑하고 즐거움을 더하기 위해서는
각자가 지키고 갖추어야 할 행동 양식이 있다.

산은 자연이고 아름다움이다.
자연이 망가지면 질서와 조화는 물론
아름다움이 사라진다.
한반도 거의 70%가 산지라고 한다.
전국 어디를 가나 숲이 무성한 산은
한반도와 영원히 함께 하는
우리 땅의 알짜배기 자산이다.

산은 우리 모두가 관심을 가지고
소중하게 챙겨야 한다.
나로 인해 산이 훼손된다면
산을 사랑할 자격이 없다.

나 하나의 작은 방심이나 실수로
산이 망가지는 것은
용서받지 못할 자연 훼손 행위이다.

산을 가는 사람이면
누구나 산을 사랑하는 마음가짐과
산을 아름답게 보존한다는 마음가짐이 있어야 한다.

쓰레기 버리지 말기
각 종 병 버리지 말기
먹고 남은 음식물 가져가기
버너, 라이터 성냥 휴대 안 하기
담배 피우지 않기
산에서 조리 금지
산에서 불 지피지 않기
이 모두를 산행 자는 반드시 지켜야 한다.
산행을 할 때면 볼썽사나운 현장을 더러 본다.

누가 말했다.
'산행에서 쓰레기를 버리는 사람은 나쁜 x'
'다른 사람 버린 쓰레기를 보고
그냥 지나가는 사람은 나쁜 사람'
'자기 쓰레기를 자기가 가져가는 사람은 예쁜 사람'

‘자기 쓰레기에다 남이 버린 쓰레기까지
주워 가는 사람은 착한 사람’
전적으로 동감이다.

산행을 하면 뒷사람을 위한 배려도
빠질 수 없는 산행 에티켓이다.
‘산길에 쓰러지고 부러진 나뭇가지 치우기’
‘발길에 걸려 넘어지기 쉬운 넝쿨, 나무뿌리 제거’
‘훼손된 안내 표지 손질하기’
‘갈림길에 바른길 안내 산 리본 매달기’
‘현장에서 처리가 곤란하면
관할 행정당국에 연락해 주는 성의‘

산행을 하다 마주하는 사람과 인사도
산행 에티켓이다.
가벼운 목례도 좋지만
한마디 말이 산행에 기운을 돋우고
즐거움을 더할 수 있다.
‘반갑습니다.’
‘즐거운 산행 되세요.’
‘어디서 왔습니까.’
‘대단합니다.’
산행 중에 부상자나 체력이 소진된 사람을 만나면

일행이든 아니든 적극적으로 도움을 주어야 한다.
식수(갈증해소)
필요 의약품. 옷가지
보온에 도움이 되는 물품
응급조치(마사지, 인공호흡, 상처)
긴급구호 요청(119)
가족 연락(전화)
그냥 지나치면 산행자의 도리가 아니다.

산길 통행에도 예의가 있다.
일행이 있을 때는 가급적 일렬로 가야 한다.
옆으로 나란히 가면 다른 사람의 진로 방해가 된다.

통행 중에 마주치면 서로가 양보하는
겸손이 필요하다.
자칫하면 충돌이 생길 수 있다.
산길에는 연령이나 계급이 없다.
먼저 양보하는 사람이 아름답다.
급경사 길은 위쪽에 있는 사람이
안전하게 내려오도록
아래쪽 사람이 길을 터 주어야 한다.

우리나라 산에는 귀한 나물이나 약초가 많은 편이다.

마구잡이로 채취하고 난장판을 만드는
행위는 하지 말아야 한다.

산행을 하면서 휴대용 라디오나 음악 기기는
가급적 이어폰으로 혼자서 즐겨야한다.
음향이 외부로 크게 들리면
다른 사람에게 불쾌감을 줄 수 있다.
산행은 서로가 즐거워야 한다.

산행에는 가급적 애완동물을
동행하지 않는 것이 바람직하다.
설사 안거나 목줄을 매고 다닌다 해도
다른 사람에게 긴장감을 줄 수 있다.
산에 익숙하지 않은 동물에게 학대가 될지도 모른다.

산은 자연 그대로 아름답게 보존되어야 한다.
산을 가는 사람은 방심이나 부주의로 산을 훼손하지
않아야 한다.

국내 산행 인구가 1,000만 명이 넘는다고 한다.
한 사람이 하나만 잘해도
산은 언제나 생기가 넘치고
아름답게 보존될 수 있다.

나 한 사람의 산 사랑이
자손만대에 멋진 자연 유산이 될 것이다.

* 산 쓰레기 처리

산행을 하다 보면 온갖 쓰레기가 눈에 띈다.
콜라병, 사이다병, 소주병, 막걸리병, 라면 봉지,
초콜릿 포장지, 껌 싼 종이, 요구르트 병, 우유 팩, 비닐봉지
종류도 많다.

'빈 거니까 그냥 버렸지'
'산 속인데 뭐 어때'
'누가 보나'
'보거나 말거나'

그저 평상시 습관대로 아무 거리낌 없이
하는 행동이지만 단순한 문제가 아니다.
남이 보지 않는다고, 편하니까
쉽게 하는 행위가 흉물스럽고 자연을 망친다.
'나 하나쯤이야' 하지 말고
'나부터' 가 중요하다.

살면서 매사를 나는 예외로 하고,
남을 비방하는 습성은 버리고 또 버려야 한다.

산을 사랑하고, 산을 즐기는
사람들끼리 모여 산악회를 만든다.
그저 산행만 즐기고, 친목을 다지고
스트레스를 푸는 데만 만족하지 말고
나를 즐겁게 해주는 산에 대한 배려도 해야 한다.

버리고 줍는 것 보다 버리지 않고
주울 것이 없는 것이 훨씬 편하고 보기에도 좋다.

산행을 할 때마다 산을 사랑하고
산을 아끼는 마음과 행동을 한 번 더 새기고
다짐을 하는 약속을 나 자신과 해 본다.
실천이 없는 약속은 양심에 탈을 쓴 가식이다.

간혹 산행 자가 혼자서
산 쓰레기를 줍는 현장을 본다.
아주 감동이다.

언젠가 한국산악회원들이 에베레스트 산군에 쓰레기 청소
발대식 기사를 본 적이 있다.

자연을 사랑하는 사람은
자연을 아낄 줄도 알아야 자연을 즐길 권리가 있다.

문득 '산 쓰레기 줍기 산악회' 생각이 머리를 스쳤다.
산악회 동호모임에서 등산도 하고,
산 쓰레기도 주우면
'나도 좋고, 산도 좋은' 일거양득이다.

지방자치단체나 산림청에서 등산로 입구에
산 쓰레기봉투를 준비해 두고,
산 쓰레기를 모아 오면
약간의 기념품을 주는 것은 어떨지.

노년 일자리 만들기로,
건강도 다져 줄 겸 일당을 주는
아르바이트 제도는 어떨지.

일정기간 실적이 좋은 개인이나 단체에 자연보호 상과
함께 푸짐한 선물을 주는 방법은 어떨지.

산에 쓰레기를 무단으로 버리면
벌금, 과태료 얼마라고 썰렁한 홍보비용보다
더 실효성이 있을 듯하다.

산은 우리 모두의 것이다.
누구든 자연을 아끼고 사랑해야 한다.
나부터 산행을 할 때
쓰레기를 버리지 않으면
산은 언제나 깨끗할 것이다.

산행 인구가 많아질수록
이제 산은 우리의 건강과 안식 공간이다.

극소수의 등산학교에만 의존할 것이 아니라
의무교육제도가 있는 우리네 실정에서
산을 가르치고 적절히 이용하는
프로그램이 어떨까 싶다.
이들이 앞으로 산을 찾을 잠재 대상이다.
어릴 때부터 기억 저장고에 입력해 두면
효과가 클 것이다.
말로만 '자연보호' 보다 실천이 먼저다.

'행동하지 않는 양심은 악' 이란 말이
마음에 와 닿는다.

* 산길 안내 리본

초행 산길을 가보면 당황할 때가 가끔 있다.
초입에 시작점이 어딘지,
산길을 한참 가다가 갈림길이 있을 때
어느 방향으로 가야 하는지,
한참을 가도 마주치는 사람도 없고 적적한데
나무에 매달린 산길 리본을 발견하면
그렇게 반가울 수가 없다.

산행에 지치고 갈길 몰라 갈팡질팡하는 산 꾼을
조용히 미소를 머금고 맞아주는 안주인 같다.
나는 산행에서 종종 그 고마움을 느낀다.

누구는 순수한 자연이 숨 쉬는 산 속에
매단 리본이 보기가 흉하고,
일종의 환경공해라고
리본을 못 매달게 해야 한다고 주장한다.

그 주장에도 일리가 있다.
산길을 잘 알거나,
산행을 잘 하지 않는 사람의 생각일 수도 있고,
혹시 자연보호 지지자일 수도 있다.

어떤 입장이건 충분히 이해는 간다.
자연은 자연 그대로가 가장 아름다운 것도 사실이다.

산길 안내 리본은
산을 다니는 사람들의 길 안내와
안전을 위해 큰 도움을 준다.

다만 산행을 기념하기 위하여
소속이나 성명을 기재한 리본을
한 곳에 무더기로 매단 모양새는 바람직하지 않다.
산행은 자기 흔적이 아니고 자기 수련이다.
산행 리본은 뒷사람을 위한
앞사람의 배려여야 한다.

간혹 산맥 종주나 큰 산 산행에서
선행자들의 산길 표시 리본이 없었다면
혼자 산행은 실패했거나
엄청난 곤경을 치를 수도 있다.

리본을 매어 준 선행자들이 무척 고마울 뿐이다.

비록 소속을 표시한 산 리본이
산행 기념 표시일지라도
초행자에게는 캄캄한 밤바다 등대와 같은 존재다.
백 마디 설명보다,
열 개의 기록보다
산길 안내 리본 하나가
훨씬 도움이 될 때가 있다.

한 곳에 너도나도 매는 것 보다
한적한 곳, 애매한 곳, 꼭 필요한 곳에 매달면
말없는 훌륭한 산길 안내가 된다.

나도 뒷사람들에게 도움을 주고자
'한반도 사랑과 사람들' 이란 리본을
꼭 필요한 위치에 매달면서 산행을 한다.

산행 리본은 산행 실적 표시가 아니라
산길 안내 역할이어야 한다.